中公文庫

中国武将列伝（下）

田 中 芳 樹

中央公論新社

中国武将列伝　下　目次

目次

私撰中国歴代名将百人

春秋時代

一、孫《そん》武《ぶ》
二、伍子胥《ごししょ》（員《いん》）
三、范《はん》蠡《れい》
四、趙襄子《ちょうじょうし》（無恤《むじゅつ》）

戦国時代

五、呉《ご》起《き》
六、孫《そん》臏《びん》
七、楽《がく》毅《き》
八、田《でん》単《たん》
九、廉《れん》頗《ぱ》
一〇、趙《ちょう》奢《しゃ》
一一、信陵君《しんりょうくん》（魏無忌《ぎむき》）
一二、李《り》牧《ぼく》

秦時代

一三、白《はく》起《き》
一四、王《おう》翦《せん》
一五、蒙《もう》恬《てん》

漢楚争覇時代

一六、項《こう》羽《う》
一七、張《ちょう》良《りょう》
一八、韓《かん》信《しん》

前漢時代

一九、周亜夫《しゅうあふ》（父は周勃）
二〇、李《り》広《こう》
二一、衛《えい》青《せい》
二二、霍《かく》去《きょ》病《へい》
二三、趙充国《ちょうじゅうこく》
二四、鄭《てい》吉《きつ》
二五、陳《ちん》湯《とう》

後漢時代

二六、鄧《とう》禹《う》
二七、馮《ふう》異《い》
二八、岑《しん》彭《ぼう》
二九、馬《ば》援《えん》
三〇、班《はん》超《ちょう》
三一、曹《そう》操《そう》
三二、関《かん》羽《う》
三三、周《しゅう》瑜《ゆ》

三国時代

三四、司《し》馬《ば》懿《い》
三五、陸《りく》遜《そん》
三六、鄧《とう》艾《がい》

東西両晋時代

三七、杜《と》預《よ》
三八、王《おう》濬《しゅん》
三九、陶《とう》侃《かん》
四〇、祖《そ》逖《てき》
四一、謝《しゃ》玄《げん》

南北朝時代

四二、檀《だん》道《どう》済《せい》
四三、韋《い》叡《えい》
四四、楊《よう》大《たい》眼《がん》
四五、斛《こく》律《りつ》光《こう》
四六、蘭《らん》陵《りょう》王《おう》

四七、蕭摩《しょうま》訶《か》

隋時代

四八、韓《かん》擒《きん》虎《こ》

四九、劉《りゅう》方《ほう》

五〇、張須《ちょうす》陀《だ》

唐時代

五一、李《り》靖《せい》

五二、李《り》勣《せき》

五三、秦《しん》叔宝《しゅくほう》

五四、尉遅《うっち》敬徳《けいとく》

五五、蘇《そ》定《てい》方《ほう》

五六、薛《せつ》仁《じん》貴《き》

五七、王《おう》玄《げん》策《さく》

五八、裴《はい》行《こう》倹《けん》

五九、高《こう》仙《せん》芝《し》

六〇、郭《かく》子《し》儀《ぎ》

六一、李《り》愬《そ》

六二、李《り》克《こく》用《よう》

五代十国時代

六三、王《おう》彦《げん》章《しょう》

六四、周徳《しゅうとく》威《い》

宋・遼・金時代

六五、曹《そう》彬《ひん》

六六、楊《よう》業《ぎょう》（小説では楊継業《ようけいぎょう》）

六七、耶律休哥《やりつきゅうか》

六八、穆《ぼく》桂《けい》英《えい》（女性）

六九、狄《てき》青《せい》

七〇、宗《そう》沢《たく》

七一、岳《がく》飛《ひ》

七二、韓《かん》世《せい》忠《ちゅう》（妻は梁紅玉《りょうこうぎょく》）

七三、宗《そう》弼《ひつ》（兀朮《ウジュ》）

七四、虞《ぐ》允《いん》文《ぶん》

七五、孟《もう》珙《きょう》

七六、完顔陳和尚《かんがんちんわしょう》

七七、張世傑《ちょうせいけつ》

元時代

七八、伯《バ》顔《ヤン》（八《バ》憐《リン》氏族）

七九、郭《かく》侃《かん》

八〇、拡廓帖木児《ココテムル》

明時代

八一、徐《じょ》達《たつ》

八二、常遇《じょうぐう》春《しゅん》

八三、姚《よう》広《こう》孝《こう》（道衍《どうえん》）

八四、鄭《てい》和《わ》

八五、于《う》謙《けん》

八六、王《おう》守《しゅ》仁《じん》（陽明《ようめい》）

八七、戚《せき》継《けい》光《こう》

八八、袁《えん》崇《すう》煥《かん》

八九、秦《しん》良玉《りょうぎょく》（女性）

九〇、鄭《てい》成《せい》功《こう》

清時代

九一、多《ド》爾《ル》袞《ゴン》

九二、明《ミン》亮《リャン》

九三、楊《よう》遇《ぐ》春《しゅん》

九四、李《り》長庚《ちょうこう》

九五、関《かん》天《てん》培《ばい》

九六、僧格林沁《センゲリンチン》

九七、李《り》秀《しゅう》成《せい》（太平天国）

九八、石《せき》達《たつ》開《かい》（太平天国）

九九、劉永《りゅうえい》福《ふく》

地図　らいとすたっふ
DTP　ハンズ・ミケ

中国武将列伝　下

花ひらく長安　唐時代（後）

さて、下巻は大唐世界帝国の極盛期からはじまります。小説でいうと、『隋唐演義《ずいとうえんぎ》』もクライマックスのあたりですね。

『隋唐演義』という名を出したところで、ちょっと気づいたことがあるので、本題にはいる前に整理しておいたほうがいいかもしれません。つまり歴史上の人物を読者の方に紹介するにあたって、伝説・小説・演劇などに描かれた部分、いってしまえば虚《きょ》像《ぞう》の部分をどのていど紹介するか、という問題です。

結論からいいますと、ぼくとしては、かぎられたスペースの中で虚像の部分もできるだけ多く紹介したいと思っております。虚像とはいいましても、長い時間をかけて多くの人によって造形された彼らは民衆のヒーローでありまして、民衆がどのように歴史を受容してきたかという証明でもあります。もともとこの本は、「日本の読者に知られていない中国史上の名将たちを紹介したい」という目的でつくられています。彼らになるべく多面的な光をあて、魅力を知っていただきたい。そういう意図がありまして、最初から積極的に彼らの登場する伝説・小説・演劇などについても言及《げんきゅう》することにしたわけです。上巻では『呉越春秋《ごえつしゅんじゅう》』『李広伝《りこうでん》』『隋唐演義』などの名を出しましたが、下巻では『楊家将演義《ようかしょうえんぎ》』『岳飛伝《がくひでん》』などの名を出して言及していくつもりでおります。

ただ、すでに万人がその名を知り、虚像に親しく接している場合ですと、アプローチのしかたがおのずと異《こと》なってまいります。『三国志演義《さんごくしえんぎ》』に関しては、いまさらこちらから付け加えるべき虚像もなく、虚像と実像との落差について話題が集中してしまうことになりました。結果、ちょっと不粋《ぶすい》な内容になってしまったかもしれませんね。

前置きが長くなりすぎたようです。本題にはいるとしましょう。

西暦七一二年に**玄宗**《げんそう》皇帝が即位しました。本名は**李隆基**《りりゅうき》。**太宗李世民**《たいそうりせいみん》の曾孫《ひまご》で、**則天武后**《そくてんぶこう》の孫にあたります。かぞえ二十八歳、若く英気に満ちた天子の登場です。

この人は前の例でいうと漢の**武帝**、後の例でいうと清の**乾隆帝**《けんりゅうてい》に似たところがありますね。先代までの蓄積の上に、はなやかな極盛の時代を築きあげました。才能が豊かで、覇気《はき》と自信にあふれ、派手《はで》な業績をあげましたが、長い治世の後半には矛盾や失政《しっせい》が見られるようになり、大帝国に斜陽の影が忍び寄ってきます。三人とも美女とのロマンスがありますね。武帝は衛子夫《えいしふ》、玄宗は楊貴妃《ようきひ》、乾隆帝は香妃《こうひ》。この三人の美女がまたそろって不幸な死にかたをします。不吉な共通点といえるかもしれません。

玄宗は帝位も楊貴妃も失ったのち、わずかな側近とともに寂しい晩年をすごしますが、『隋唐演義』のそのあたりの部分はしみじみとした印象ですね。玄宗が武帝にまさっていたのは、庶民に人気があったという点です。

上巻でもちょっと申しあげましたが、玄宗というのは死後にそう呼ばれることになったわけで、生前に「私は玄宗だ」などといっていたわけではありません。それにしても玄宗というのは珍しい廟号《びょうごう》ですね。ほかにちょっと例がありません。太宗とか高宗というのはいくらでもありますけど。

玄宗皇帝の時代といいますと、当然ながら花の都長安《ちょうあん》の賑《にぎ》わいということになりますが、これがいかに賑やかであったかということについては、いくらでもそれを解説した歴史書があります。

余談ということになりますけど、この前、日本史の、江戸時代の文化についての本を読んでましたら、だいたい日本では、江戸時代の中期くらいに料理屋ができたということです。その当時ヨーロッパにはレストランなんてなかったから、世界中で最初にレストランができたのは日本の江戸であると書いてあったんですが、そういわれてしまうとちょっと困ります。唐の長安には旗亭《きてい》と呼ばれる立派《りっぱ》なレストランがありました。やっぱり、こういう本を読んで思うのは、そういうことをいいたてる人たちにとって、世界というのはヨーロッパと日本だけでできていて、どうやら中国というの

玄宗（げんそう）
六八五〜七六二。在位七一二〜七五六。姓名は李隆基。かぞえかたによって、唐第六代、あるいは第八代の皇帝。若いときには英邁《えいまい》にして果断といわれ、武則天によって混乱におちいった唐朝の混乱を収め、「開元《かいげん》の治《ち》」を行なった。即位当時は良臣を用いるなど改革に熱心だったが、長い統治に倦《う》み、次第に放逸になった。もともと芸術的才能をもっていたが、皇子の妃であった楊貴妃（七一九〜七五六。幼名は玉環）を手に入れてこれに溺れた。ために玄宗後半の政治は乱れ、楊貴妃の一族の専横を許し、安史の乱を招いて唐衰亡の遠因をつくった。安史の乱のおりには四川へ逃げたが途中兵士の要求によって楊貴妃を殺した。長安回復後は失意のうちに幽閉同様の生活を送った。『旧唐書』巻八〜九玄宗紀、『新唐書』巻五玄宗紀。『旧唐書』巻五一后妃伝上、『新唐書』巻七六后妃列伝。

は世界の内に入らないようなんですね。なんにせよ、ロンドンにもパリにもレストランはなかったと書いたあと、他の国はどうだったんだろうと思っていただかないと困るような気がいたします。できれば中国にかぎらず、インドとかアラブ諸国とかもですね。

さてそこで五九番の高仙芝《こうせんし》、六〇番の郭子儀《かくしぎ》。このふたりは、安史《あんし》の乱のときに、非常に明暗を分けた人です。安史の乱は世界史の教科書に必ず出てきますが、安禄山《あんろくざん》と史思明《ししめい》によって足かけ九年にわたってつづいた大叛乱です。非常に規模も大きく劇的でしたので、今日に至るも、ずいぶん話の種になっております。

もともと高仙芝という人は、漢人ではありませんでした。高句麗《こうくり》の人です。流れ流れてというのは非常に失礼ないい方になりますが、亡《ほろ》びた国の遺民《いみん》が、唐《とう》において出世したという好例です。

もともと高仙芝という人は、大唐帝国の辺境、特に西方の守りを務《つと》めて武勲をあげた人です。特筆すべきは西暦七四七年に、一万の兵をひきいてパミール高原を越えて西へ行ったことですね。これについては陳舜臣《ちんしゅんしん》先生との対談でも話が出ましたけど、イギリスの東洋史学者M・A・スタインによって、「ハンニバルのアルプス越え以上

高仙芝（こうせんし）

?～七五五。高句麗人であったが父の代より唐に仕えた。父の功によって游撃将軍となり西域方面の軍事に従った。七四七年にパミールまで進出し、吐蕃《チベット》と結んでいた小勃律を討った。これによって大食《アラビア》など西方七十二カ国を服属させ、七五〇年には石国《タシケント》を討って国王を捕虜にしたが、西域諸国は新興のアッバス朝に援助を求め、この連合軍のため七五一年にタラス河畔で敗北を喫した。この戦いが西域における唐勢力退潮の一因となった。その失策の責任を逃れて自己の保全をはかるが、七五五年に安史の乱が起きて洛陽が陥落すると潼関《どうかん》に退き、玄宗の怒りをかって殺された。『旧唐書』巻一〇四高仙芝伝、『新唐書』巻一三五高仙芝伝。

郭子儀（かくしぎ）

六九七～七八一。華州鄭県（河南省鄭県）出身。唐代玄宗皇帝期の武将。安史の乱時には李光弼《りこうひつ》とともに河北地方を転戦し、功をあげた。玄宗のあとを継いだ粛宗は郭子儀の功あって唐朝が再興できたと賞賛した。とはいえ彼の意見は粛宗に容れられず、乱後も宦官に妨げられて兵権を解かれるなど不遇であった。だが、粛宗の次の代宗時代に吐蕃の侵入が始まると再び活躍し、七六三年の吐蕃と連合した僕固《ぼっこ》懐恩《かいおん》の乱や、七六五年のこれに回紇《ウイグル》が加わった三十万の連合軍の侵入時には主力軍の吐蕃を撃破した。徳宗即位時には尚父の称号を受け、太尉中書令に昇進した。揺らぐ唐帝国を支えた武人。『旧唐書』巻一二〇郭子儀伝、『新唐書』巻一三七郭子儀伝。

の快挙である」と評されました。確かに、あのパミール高原を一万の部隊をひきいて越えていったというのは、たいへんな指揮統率能力だったと思わざるを得ません。そこからパミールを越えて西へ行き、実に西域の七十二カ国を服属させます。非常に歴史的な大勝利をおさめたわけです。

ここまでにしておけばよかったのですが、高仙芝という人は功名欲が強かったらしく、その後、必要もないのに戦《いくさ》を起こしております。それで石国《せきこく》討伐というのを行ないます。

石国というのは現在のタシケントのことですね。オアシス国家です。そこの国王を捕らえまして、長安に送って、捕虜は斬《き》ってしまいます。非常に無益なことでしたね。無意味といいますか、無道にも——といっておきましょう。

国王を殺された石国では、唐への復讐を謀《はか》るわけですが、単独では不可能なので、アッバス朝イスラム帝国に救援を求めます。そこでまた高仙芝は天山《てんざん》山脈を越えて西へ行って、イスラム軍と対決しますが、ここで歴史的な大会戦が行なわれます。タラス河の会戦ですね。

このとき唐軍の中に、トルコ系の少数民族による部隊があったのですが、これがまた高仙芝に反感を持って、イスラム軍に寝返ったので、高仙芝は大敗しました。

そのとき、多くの中国人がイスラム軍の捕虜になります。その中に製紙職人がいて、その人がずっと西のほう、サマルカンドまで行き、そこで紙の製法を初めて西方世界に伝えるわけです。

そのときの捕虜のひとりに杜環《とかん》という人がいて、この人がイスラム帝国の本拠地であるアラビアまでつれていかれました。結局は帰れたんですけどね。そこでアラビアについての貴重な記録を残したのですが、残念なことに現在では失われています。

ですからこのタラス河の戦いというのは、イスラム世界だけでなく、遠くヨーロッパにとっても非常に意義のある出来事でした。中国で紙が発明されたのは後漢の時代で、発明したとされるのは宦官《かんがん》の蔡倫《さいりん》という人ですね。そのときから、もう六百何十年もヨーロッパでは紙なんか使ってなかったのですが、これによって、ようやく中国の文化に追いついた——というほどでなくても近づいたということになります。そのころまでヨーロッパではパピルスや羊皮紙《ようひし》しかなかったわけですから、文化の伝播《でんぱ》度が全然ちがうわけですね。

なお、さっきいいました杜環は、行くときには捕虜になって陸路を行ったわけですが、帰りはどうやらアラビア商人の船に乗って、海路で帰ってきたようです。彼の書いた本のタイトルは『経行記《けいこうき》』といいます。

で、高仙芝は大敗北したわけですが、それを正直に朝廷には報告しませんでした。その時期はそれで通用したのです。その当時、玄宗皇帝は楊貴妃と甘く楽しい日々を送っておりました。南のほうでは楊国忠《ようこくちゅう》の一党が、南詔《なんしょう》国にさんざんに負けたのですが、そのことも玄宗には隠されていました。

それがだいたい西暦七五〇年ごろのことで、もう玄宗も即位してから四十年くらい経《た》ってますから、すっかり箍《たが》がゆるんでしまっております。

この南詔国というのは現在の雲南《うんなん》地方にありまして、建国したのは漢民族ではありません。中国とインドと、二方面から影響を受けてもともと文化程度が高かったのですが、第五代の国王である閣羅鳳《かくらほう》という人がなかなか英明《えいめい》で、楊国忠が送りこんだ大軍を三度にわたって撃破し、唐からの完全独立をはたしました。

このとき鄭回《ていかい》という唐のお役人が捕虜になってしまうのですが、閣羅鳳は彼の才能を認めて重臣にし、唐に倣《なら》った文化国家建設を全面的にゆだねます。鄭回はそれに応《こた》えて、南詔の国家制度をととのえ、漢字を導入し、唐との間に友好関係を確立させせました。以後、南詔の王族は唐の成都《せいと》に留学するようになります。閻羅鳳と鄭回のふたりを描いても、おもしろい小説ができそうですが、まだそういう作品はないようですね。

その後、安禄山があまりにも有名な叛乱を起こすわけですね。その当時のいきさつは、『隋唐演義』とか、あるいは井上靖《いのうえやすし》さんの『楊貴妃伝《ようきひでん》』なんかにくわしく載《の》っております。あと、もちろん陳先生の『小説十八史略』などで読むことができます。

楊貴妃という人は、積極的に権勢《けんせい》を揮《ふる》ったということはないのですが、おのずとその一族が贅沢《ぜいたく》をほしいままにして、自分たちの派閥でもって政権を固めるみたいなことをしておりました。

楊国忠という人は、『隋唐演義』の原文には、「殺しても飽き足りないような悪党だ」と書いてあるのですが、財政なんかの点では、まるっきり無能でもなかったようです。けれども、とにかく個人的な感情から、安禄山は叛《そむ》く、安禄山は叛く、といいつづけて、結局、安禄山を謀反《むほん》に追いこんでしまったんですね。で、安禄山が本当に謀反を起こすと、楊国忠は、「それ見たことか、おれの予言が当たった」と自慢したんですが、これは非常にずうずうしい言い分だと思います。

安禄山の叛乱が起きたのは、七五六年の十一月ですね。そして十二月には洛陽《らくよう》を陥《お》とします。挙兵からわずか一カ月です。そもそも大唐帝国の正規軍というのは、総数が六十万だといわれていました。そのうちの十八万を、安禄山がひとりで握っていたわけです。全軍の三割ですね。これはあまりに巨大すぎるというので、その兵権を削《けず》るような提案はしきりに行なわれたのですが、玄宗は反安禄山派のいうことを聞かなかった。このあたり、玄宗が完全に安禄山を信頼していたのか、あるいは不安は感じていたけれど、なまじ手を出してかえって謀反気を起こされても困ると思ったのか、そのあたりはちょっと微妙なところですが。

とにかく、安禄山は起兵後一カ月で洛陽を陥としてしまいます。洛陽と長安の間には潼関《どうかん》という歴史上有名な砦《とりで》がありました。ここをとおらない限り、洛陽から長安へは絶対に行けないという、軍事上・交通上の要所で、また難攻不落《なんこうふらく》の要塞でもあります。そこを守っていたのが高仙芝《こうせんし》でした。高仙芝はいったん出撃したのですが、そこへ同僚の封常清《ほうじょうせい》が撃破されて逃げもどってきまして、安禄山の軍に対して野戦では勝てない、潼関を固めるしかない、と進言したのです。なまじその手前で防ごうと思っても、あの勢いではとても止まらないというわけで、ふたりは後退して潼関に立てこもりました。そのころ、洛陽から長安までの街道にみごとな槐《えんじゅ》の並木があったわけですけども、敵の追撃を防ぐために、それをことごとく切り倒して道をふさいだといわれています。非常に残念なことですが。

そして潼関に安禄山軍が攻め寄せますが、これはもうとても陥ちるものではないので、撃退されます。ところが、ここで玄宗が、高仙芝と封常清を並べて処刑してしまうわけですね。そのまま高仙芝、封常清に潼関を守らせていれば、長安は無事だったはずなんですが、このとき、高仙芝の監視役に行っていた宦官《かんがん》の辺令誠《へんれいせい》という人物が、高仙芝や封常清に賄賂《わいろ》をよこせといったのを断わられたもので、それを根に持って、「あのふたりは戦わずに潼関に逃げこんだ。おまけに軍需《ぐんじゅ》物資を横領している」といって誣告《ぶこく》したわけです。すっかり判断力の鈍った玄宗はそれを信じてしまいました。そこでこのふたりを潼関において処刑してしまうわけです。このふたりの最期は非常にいさぎよく、「敵と遭《あ》って後退したことは事実だから、この罪は受ける。ただし、軍需物資を横領したというのは冤罪《えんざい》だ」といいながら斬られたんですが、そのときに潼関の兵士たちが声をそろえて冤罪だと叫びました。その声は天を揺るがせたといいます。

ふたりの将軍を斬ったわけですが、その後も潼関は固めておかなければなりません。このときに彼らに代わって潼関の守りについたのが哥舒翰《かじょかん》という人です。哥舒が姓で翰が名前です。非常に変わった名前なんですけど、やっぱりこの人も本来は異民族の出身ですね。結局、潼関の守りを失って不幸な死をとげますが。

安禄山にしても漢人ではありませんね。胡人《こじん》です。そして高仙芝も高句麗の人です。哥舒翰も、漢人ではありません。北方の騎馬民族の出身ですね。ですから、攻めるも守るも、みな少数民族の人たちだったんです。それで、安禄山の部下たちも漢人ではない。少数民族の将軍たちでした。でもって、「安禄山の叛乱というけれどそれは唐側の勝手ないい分で、虐《しいた》げられた少数民族のレジスタンスである」というような見方が出てきたこともあります。だけど、それをいうなら守ったほうも少数民族の出身者ですから、一方的にレジスタンスといえるようなものではない。だいたい、安禄山はべつに虐げられていたわけではなくて、大出世しているわけですよね。ですから、そういうのは、非常に、多数民族対少数民族みたいな図式を教条的に見たがる人の意見だと思います。

それでちょっと高仙芝がらみでひと言《こと》いっておくべきことがありました。だいたい、唐帝国というのは非常な国際国家で、べつに漢人でなくても、どんどん出世できた社会です。日本人では阿倍仲麻呂《あべのなかまろ》。文官としてたいそう出世し、玄宗の信任を受けていますね。で、高仙芝が将軍になったときに、その上官が、高仙芝に対して気に入らないことがあって、「あの犬の肉を喰う高句麗のやつめ」と、罵《ののし》ったことがあります。これを陳先生は、唐帝国においても民族差別があったということの例証としておっしゃいます。この件に関しては、ぼくなりの意見があります。

このとき、高仙芝が漢人だったら、確かにそういうことはいわれなかったでしょうが、高仙芝を罵った上官というのも、漢人ではないんですね。チベット系の人です。ですから、これは多民族国家における少数民族どうしの感情的な軋轢《あつれき》、あるいは出世競争における妬《ねた》み、みたいなものと考えたほうがいいのじゃないかと思います。それを陳先生が差別の例としてあげられるのは、大唐帝国といってもユートピアじゃなくて、たがいの差別意識とか、欠点も嫌なところもあった、普通の人間社会なんだからあんまり美化しちゃいけない、というお考えでおっしゃったんではないか、と勝手に推測しています。

確かなことは、高仙芝にしても将軍になれたし、この高仙芝を罵ったチベット系の人にしても、さらに将軍の上、大将軍なわけですよね。ですから民族によって出世できないということはない。たとえば、高句麗人だから才能があっても出世できないとか、チベット人だから実力があっても浮かばれないとか、そういう社会制度としての差別はなかったといっていいと思います。いま日本の官公庁の幹部に外国籍の人はいませんからね、それよりはよっぽど開けています。これはべつに今の日本だけがどうこうというのではなくて、近代以降のナショナリズム、国民国家というものが、そういう枠《わく》をはめることによって、かえって古代や中世の世界よりも排他的な構造を持ってしまうというような、皮肉なパラドックスだと思うんですけど。

先ほど、高仙芝と郭子儀《かくしぎ》が明暗を分けたといいましたけど、暗のほうが高仙芝ですから、当然、明のほうは郭子儀ということになります。

この郭子儀という人は、姓が郭で名が子儀、字《あざな》も子儀なんですね。現在、日本では、たとえば『三国志演義』でいうと劉備《りゅうび》玄徳《げんとく》とか諸葛亮《しょかつりょう》孔明《こうめい》とか、姓と名前と字《あざな》を同時に呼ぶという誤用例がまかりとおっていますが、そのいい方で郭子儀を呼ぶと、郭子儀子儀といわなきゃなりません。こういう例を見ると、名前を呼んで字《あざな》をいっしょに呼ぶというやり方がまちがいだということははっきりします。『三国志て呼びたくなってしまいますけど。

演義』の登場人物は、みな響きのいい名前や字《あざな》を持っているので、つい全部つづけて呼びたくなってしまいますけど。

ここでまた余談になってしまいますが、字《あざな》というやつ、これは要するに本名のほかに名乗る通り名ということですね。だいたいにおいて、自分でつけます。それで日本の漢和辞典なんか読みますと、字《あざな》をつけるのは二十歳になってからだ、と明記してあります。それでぼくが、自分の作品で十代の登場人物に字《あざな》をつけると、「まちがいじゃないか、謝れ」と、読者の方が手紙をよこすんですが。

そういうことといってくる人は、だいたい広い意味での三国志の読者ですから、三国志を例にとってお答えすることにしています。『三国志演義』の第十回に、「馬超《ばちょう》、字《あざな》は孟起《もうき》、年まさに十七」という文章がありますよ、という具合に。『三国志演義』をちゃんと読んだ人なら、そういう文章があることをご存じのはずですけどね。陳先生にうかがったんですけど、早い人は七歳くらいで字《あざな》をつけるということですね。そういう場合、自分ではなかなかつけられませんので、たとえば塾の先生とかがつけるんだそうです。

これはもっと後、宋の時代のことですけども、有名な文天祥《ぶんてんしょう》、あの人の字《あざな》は宋瑞《そうずい》といいますが、この宋瑞という字《あざな》は天子から賜《たまわ》ったものです。この人は大秀才でして、二十歳で科挙の試験に合格するんですね。で、そのときに天子から、あっぱれであるということで字《あざな》を賜るんです。それで、以前につけていた字《あざな》を変えるのです。こういう例もあることで、字《あざな》というのは二十歳になって自分でつけると限られたものではないんですよ。それに、すべての人間が字《あざな》をつけるわけでもないし、女性でも文人、詩人なんかだったら字《あざな》を持っていたりします。

いちおう字《あざな》というのは本名にどこか関係のあるような文字を選んでつける場合が多いんですけど、例外はもちろんいくらでもあります。これも三国志を例にあげますと、諸葛亮《しょかつりょう》という名前の亮と、孔明《こうめい》という字《あざな》の明というのは、どちらも「あきらか」という意味ですから、関係するわけですね。ただ、ぼくに文句をいってきた人の中に、張飛《ちょうひ》の字《あざな》は翼徳《よくとく》といって、名前の飛と字《あざな》の翼というのが照応《しょうおう》しているじゃないかという人がいましたけど、張飛の字《あざな》は益徳《えきとく》です。翼徳ではありません。翼徳というのは『三国志演義』の創作です。ですから、本名に関係のある字《あざな》を必ずつけるというわけではありません。

それから、伯仲叔季《はくちゅうしゅくき》という順序がありますね。兄弟順に、上から伯仲叔季というんです。三国志の登場人物でいいますと、孫策《そんさく》は孫家の長男ですから、字《あざな》は伯符《はくふ》というこことになります。伯という文字がつくわけです。それから、司馬懿《しばい》は、司馬家の次男ですから、字《あざな》は仲達《ちゅうたつ》です。仲という文字がついている。すべてこのようになっています、といいたいところですが、『隋唐演義』に登場する秦叔宝《しんしゅくほう》は、長男のくせに字《あざな》に叔とついています。ですから、辞書に書いてあるのはあくまでも原則ということで、例外はいくらでもあるということです。

さて、郭子儀は安禄山の乱に対して官軍を指揮して大勝利をあげるわけですが、郭子儀の副将として活躍した人に、李光弼《りこうひつ》という人がいます。この人も名将でして、たとえば戦術のうまさという点では、ひょっとしたら李光弼のほうが上だったかもしれません。ここで郭子儀を選んだのは、安禄山の乱に活躍した官軍側の将軍の代表ということなんです。

その他に有名な人は、まず顔真卿《がんしんけい》。この人は書《しょ》の名人として有名ですね。王羲之《おうぎし》以来の書の名人といわれています。書道をやっている人は、必ずこの名前を知っていると思います、お手本になっていますから。

つづいて、顔真卿の従兄弟《いとこ》の顔杲卿《がんこうけい》。それから張巡《ちょうじゅん》。

この張巡という人は、中国で出ている歴代名将の評伝には必ず出てくる人ですね。この人は、睢陽《すいよう》を守っていました。中国の南北の交通の動脈を守る、非常に重要な拠点です。この城がもし安禄山軍の手に落ちたら、一挙に安禄山軍は長江の下流域になだれこんで、大唐帝国はそれで経済的な基盤を失って亡びてしまう。それほど重大な要地ですけど、張巡は孤立無援《こりつむえん》、十万の敵に対してこちらはそれこそ三千か五千かという数で、二年間にわたって守り抜くわけです。その間いくら援軍を呼んでも、張巡が手柄をたてることを妬《ねた》んで援《たす》けにこない、というようなひどいありさまになります。

この張巡はさまざまな計略を使って城を守るんですが、これはたぶん『太平記』の楠木正成《くすのきまさしげ》あたりの戦法にずいぶんと流用されたんじゃないかと思いますね。藁《わら》人形をつくって敵の目をごまかした、というようなことも歴史の本に書いてあります。これは楠木正成の時代よりもだいたい六百年くらい前の話ですから、張巡のほうが『太平記』をまねしたということは絶対にありません。

奮戦をつづけた張巡も、孤立無援のままついに食糧が尽きて、全城飢えに苛《さいな》まれます。それで兵士たちが栄養不足で失明したりするんですね。敵が攻撃してきても立ちあがることもできないという状態になって、ついに落城します。張巡は殺されてしまいます。張巡の活躍は唐を救ったので、唐にとっては大恩人なんですけども、それでも張巡はすぐには表彰されませんでした。というのも、落城寸前に将兵が飢えて人肉を喰ったという事件がありました。人肉を喰うというのは人倫上の大罪ですから、そういう大罪を犯した者を表彰していいのか、という意見があったわけです。

妙なことに、中国では人を喰うのは普通のことだったというようなことをいったり書いたりする人がいますけれども、中国で人肉が喰われたというのは、こういう籠《ろう》城《じょう》戦《せん》で食糧が尽きた場合とか、大飢饉《ききん》の場合ですね。それでしたら日本にも例があ

顔真卿（がんしんけい）
七〇九〜七八六。長安出身。書で知られ、剛直の士として有名。ときの宰相楊国忠に嫌われ、山東省平原の地方役人をしていたが、七五五年安史の乱が起こるや周囲がみな安禄山になびいたのに、従兄の顔杲卿と義兵をあげて抵抗した。結局七五六年に平原を脱出し陝西省にいた粛宗のもとに駆けつけ、唐建て直しに奔走した。直言をもって知られたが、それゆえに疎《うと》まれることも多くその生涯は概して不遇であった。晩年淮西でそむいた李希烈《りきれつ》の説得に派遣されたが捕らわれ、三年間の幽閉ののちに殺された。革新的で骨太な書法をあみだしたことで知られる。『旧唐書』巻一二八顔真卿伝、『新唐書』巻一五三顔真卿伝。

ることですので、中国人は好んで人肉を喰うというようなことをいいたてるのはおかしいと思いますね。実際、歴史上、人肉を食べるという行為が美化されたという例はありません。

そうやって張巡に関してはいろいろ議論があったんですけども、最終的には、援軍や食糧を送らなかったから朝廷のほうにも責任があることだし、朝廷の大恩人には違いないということで、表彰されます。実際、今に至るも中国の歴史上、籠城《ろうじょう》戦を戦った代表というと、張巡ということになります。

それで郭子儀という人には、おもしろいエピソードがあります。まだ無名のころ、軍の食糧が失火で焼けてしまった。そこで管理責任を問われて牢屋行きということになりました。まかりまちがえば重大な責任だということで死刑になってしまうところですが、ちょうど檻《おり》に入れられて運ばれる途中で、詩人の李白《りはく》に出会います。李白は郭子儀と話をしてみて、こいつは将来きっと偉くなるやつだから、というので玄宗皇帝にお願いして助けてやったと、そういう話が『隋唐演義』にも載《の》っていますね。のちに李白のほうが叛乱に巻きこまれて、反逆罪で殺されそうになったときに、郭子儀が、自分の功績に代えても助けてくれ、といって恩返しをしたという話があります。

郭子儀という人は、これだけ巨大な功績をたてながら、朝廷に疑われることも殺されることもなく、非常に幸せな晩年を送った人です。ですから、郭子儀の息子は、のちに皇帝の娘を嫁にもらうのですが、夫婦喧嘩《げんか》をしたときに、思わずどなってしまったんですね。「お前は皇帝の娘だと思っていばっているんだろうが、おれの親父《おやじ》だって皇帝になろうと思えばなれたんだ。ならなかっただけなんだ」といったもので、皇女のほうは朝廷に駆けこみました。ただ、こういうことは、うっかりいえないんですよ。あれは叛逆の言であるといわれてもしょうがないんですよ。上巻で隋の時代の話をしたときに楊素《ようそ》という人の名が出ましたが、この楊素という人は、夫婦喧嘩をしたときに、思わず奥さんをどなってしまったんですね。「お前がそんなに生意気なことをいうんなら、おれが皇帝になったときにお前を皇后にはしてやらんぞ」と、そういってしまったわけです。そうするとそれを、奥さんが駆けこみ訴えしたもんだから、やっぱりその発言のせいで一時期免職されています。これはもう冗談ではすまないんですよ。

で、その皇帝——郭子儀の息子に自分の娘を嫁にやった——ですけれど、娘が駆けこんできて、夫がああいうことをいったと訴えるわけですね。それを聞いていた皇帝は、「そのとおりなんだぞ、お前が悪い」といって、郭子儀の息子をいっさいとがめなかったそうです。郭子儀のほうは恐縮して、息子を板で殴りつけたそうですが。

ですから郭子儀という人は、漢の韓信《かんしん》と正反対です。忠誠心も功績も本当に報われて、幸福な人生の見本みたいにいわれてますね。第一線を退いてからは宰相になって、地位もあり富もあり、人々からの尊敬も受けて、幸せな人生を送っています。だものですから、逆に、あんまり小説のネタにはならないんですよ。

むしろ小説のネタになりそうなのは李泌《りひつ》でしょうか。この人は玄宗の子である粛《しゅく》宗《そう》皇帝の親友で、安史《あんし》の乱に際して招かれて皇帝直属の軍師となり、乱の平定に大功をたてました。宮中の権力争いをきらって山野に隠れましたが、のちにまた招かれてついに宰相となりましたね。日本人好みの軍師という感じです。

さて、ご存じのとおり、安禄山《あんろくざん》は自分の息子に殺され、その息子は史思明《ししめい》に殺され、その史思明も自分の息子に殺されて、安史の乱は終わりました。

唐帝国は滅亡の淵で何とか踏みとどまったわけです。ただし、以前と同じようにはいかなかった。社会的な変動も大きかったし、功績をあげた将軍、叛乱に荷担《かたん》しながら後で朝廷に寝返った将軍たちなんかには、やっぱり領地を与えなければならなかったんですよね。正確には封建時代ではない、中央集権の社会ですから、領地というわけではありませんけど、一定の地域の支配権を握り、そこで税金をとったり、兵士を徴募《ちょうぼ》したりする権利までを独占する、そういう感じで藩鎮《はんちん》というのができあがります。要するにこれは、半独立の地方的な軍事独裁政権といっていいと思います。内政に関しては、朝廷も干渉できませんでした。

このころ朝廷の権威というものは残っていますが、それも形だけというのが多かったわけです。それで藩鎮の支配者たちというのが、形はどうあれ善政を布《し》いてくれれば問題ないんですが、やっぱり軍事独裁政権というのは民衆から重税を絞《しぼ》りあげて軍隊を強化する、民衆をもって軍隊を養うという感じになりますから、民衆は苦しんでいるわけです。

そこで、何とか生きのびた唐帝国としては、この藩鎮を何とかしなくてはなりませんでした。長安の賑《にぎ》わいはもとにもどっています。というのも、朝廷は江南《こうなん》をがっちり握っていて、その江南がいわば富の源泉でしたから、そこから富が流れこんでくる限りは、長安の繁栄も取りもどせるし、唐王朝も、相対的に一番強かったことは確かですから。藩鎮のひとつひとつではとうてい朝廷には対抗できないわけです。ですから、野心的な節度使《せつどし》なんかは、たがいに手を組んで朝廷に対抗しようとしました。

そういった時代を代表する名将が、李晟《りせい》という人でした。すみませんね。似たような名前の人ばっかりで。

この人は六一番李愬《りそ》の父親です。名将のリストの李愬のところに、父は李晟とわざわざ書いているのは、この父親も非常に名将だったからです。ただエピソードとして息子のほうがおもしろいので、息子のほうを採《と》りあげたわけですけどね。

李晟という人は非常に朝廷に忠誠をつくして、横暴な藩鎮をいくつも攻め滅ぼしています。人柄は非常に無口で、兵士たちをかわいがったし、兵士たちが良いことをしたら、どんな小さなことでも知っていて、褒美《ほうび》を与えたといわれていますね。ですから名将といわれる人というのは、やっぱり兵士をかわいがって、兵士が生命を惜しまずその人のために働くわけですね。蒸し返すようですが、張飛《ちょうひ》にはそれがなかったということです。

で、その息子の李愬です。この人は父親がこれほど大功をあげて宰相になった人ですから、その息子も早くから出世したかというと、全然そういうことはありませんでした。李晟という人は、息子が何の能もないのに、父親の名声によって出世するようなことがあってはいけないという人でしたので――これを聞かせてやりたい人が現代の日本にいますけどね、政界にも財界にもいるようです――ですから李愬はいつまでたっても出世しなかったんです。それで朝廷のほうが気を使って、李愬を取りたてたんですね。もっとも、父親の李晟が死んでからのことで、李晟が生きているころは、息子のほうはなかなか出世させてもらえませんでした。まあべつに父親を恨んだということもなかったようですね。

で、この李愬という人が、まったく父のあとを受け継いで、横暴な藩鎮を倒すのに生涯をかけた人です。そこで非常に有名なのが、西暦八一六年の戦いで、このとき李

李愬（りそ）

七七三～八二一。隴右（甘粛省）出身。元来が文官で、宰相の父李晟の蔭をもって官僚となった。唐後半期は朝廷の支配力が後退し、世襲化しつつあった藩鎮の力は強力で、平定と統合は至難であった。憲宗は藩鎮抑圧に乗り出すが、蔡州の呉元済討伐は幾度も失敗していた。八一六年この任にあたった李愬は計略をもって呉元済を捕らえ、都に護送して斬った。この成功は藩鎮に衝撃を与え、藩鎮抑圧成功の鍵となった。李愬は、唐王朝が守勢にまわり国家維持に懸命になっていた時代の典型的武将といえる。『旧唐書』巻一三三李愬伝、『新唐書』巻一五四李愬伝。

愬は四十歳をすぎています。

呉元済《ごげんせい》という非常に強大な節度使《せつどし》がいました。この呉一族というのが、三代にわたって、だいたい中国の東部地方を支配していた藩鎮で、何十年もの間、朝廷の軍はその支配地域に一歩たりとも入ることができなかったんですね。それで、この呉元済はやることが実に横暴で、ほかの藩鎮と手を組んで、長安の都に刺客《しかく》を放って宰相を暗殺したりまでしました。それで、これはもう放置してはおけないというので、李愬が呉元済を討伐に行ったわけです。ただし、こちらの兵は少ない、敵は多い。なかなか勝てるものではなかったんですけども。

冬になってからのことですね。ずっと対峙《たいじ》をつづけていて——黄道吉日《こうどうきちじつ》というのが、今もありますね。非常に良い日のことです。それに対して、最悪の厄日《やくび》に黒道凶日《こくどうきょうじつ》というのがあります——雪の降りしきる黒道凶日に、李愬は出陣を命じたわけです。これで部下たちは驚きました。だいたい、出陣というのは、吉日を選んで行なうものです。隋《ずい》の煬帝《ようだい》が高句麗《こうくり》遠征を行なったときには、準備はすべて整えていましたが、出発は正月一日まで待ったんです。でまあ、そういうのがばかばかしいという人もいるでしょうけど、現代の我々でさえ、たとえば結婚式は大安吉日にするし、友引の日には火葬場が閉まってしまいます。現代でさえそうなんですから、今から千二百年前の人にとって、よりによって黒道凶日に出撃するというのは、どれほど破天荒《はてんこう》なことだったかということですね。それでも李愬という人は非常に部下の信望が厚かった人で、こんな吹雪の夜、しかも黒道凶日、もう全滅するだろうけど、この人のためならしかたがないというので、全員、覚悟を決めて出発したわけです。

いっぽう、呉元済のほうは大軍を抱えてはいましたけれど、冬の間、大雪のさなかに攻めてくるわけがないと思いこんでいます。まして黒道凶日ですから、もう百パーセント敵はやってこないと思って、城の奥で美女たちを抱えて寝ておりました。夜明けに、李愬は城の間近まで迫りました。見ると城のまわりに大きな濠《ほり》があって、そこで何万羽という渡り鳥が羽を休めているわけです。だいたい奇襲というのは物音をたてないように行なうものですけども、そのとき、李愬は濠に石を投げこませて、何万羽という鳥をいっせいに飛び立たせたわけですね。それで何の音だと城の兵士たちがとびおきると、何万羽の鳥がいっせいに飛び立ったところです。なんだ鳥か、ということになるわけです。その音にまぎれて李愬の部隊は城に突入して、激戦の末に呉元済を捕らえました。奇策をかさねての大勝利です。さらにその後にも横暴な藩鎮を倒して、李愬は宰相になって一生を終えました。親子二代、朝廷のためにがんばったわけです。

それと、これに前後してこの人を入れてもいいなという人をちょっと書いておきましたけども、唐の王式《おうしき》という人ですね。この王式という人はもともと学者の家に生まれたんですけど、裘甫《きゅうほ》の乱というのが起こります。九世紀の後半ですね。この裘甫は、今でいう浙江《せっこう》省の海岸地方で乱を起こした人ですけども、急速に勢力を拡大して、どこまで大きくなるかわからないという状態になりました。そのとき、学者出身の王式が討伐軍の司令官になったわけです。この人が考えたのは、叛乱に民衆を巻きこまないということでした。民衆が叛乱に荷担《かたん》したら、これはたいへんなことになるというわけです。ではどうするかといいますと、王式は現地に急行して、まず官庫《かんこ》を開きました。隋の張須陀《ちょうすだ》がやったようなことですけども、官庫を開いて、そこに積んであった米を全部貧しい人々に分け与えたわけです。そして、飢えのために叛乱に加わった者の罪は問わないということにしました。そうやって叛乱軍の中核と民衆を切り離して、叛乱軍を孤立させた上で、三日間に八十三回の戦闘をおこない、八十三戦八十三勝という記録を残して、叛乱を完全に鎮圧したのです。

そのときに、この人はいろいろとおもしろいことをいっていますけど、たとえば、偵察に出す兵士は臆病なほうがいい、などといっています。勇敢な兵士だと、つい自分の勇を頼んで戦う必要もないのに敵と戦ってしまう、臆病な兵士のほうが、とにかく自分の生命を大切にして生きて帰って報告してくれるから、臆病なほうがいい、というんですね。

あと、そのころウイグル系の少数民族というのが、国内のあちこちにいまして、貧しい暮らしをしていました。つまり、唐とウイグルの仲が悪くなったときに、戦争になりますね。国境地帯にいたそういう人たちが捕虜になるわけですが、まあ殺すわけにもいかない。といって送り帰すということも、両方の状態が悪いものですからできない。とすると、どこか適当なところに土地をやって住まわせるということになるんですけど、もともと遊牧をやっていた人たちに土地を開拓させようとしてもなかなかうまくいくものではないから、貧しい暮らしをしていたのです。

王式はそういう人たちを集めて、単に恵んでほしいだけなら恵んでやるけど、何か仕事をして正当な報酬がほしいというなら、我が軍に加われといって、自分の軍に加えるわけですね。少数民族からも信望のあつかった人で、百人からはずすのはとても惜しかったんですが。

そういうようなことがあって、唐は安禄山の乱後も、百四十年くらい、何とか持ちこたえます。だけど、とうとう最後に黄巣《こうそう》の乱というのが起きます。これこそが、中国史上最大の乱といっていいでしょうね。

黄巣について語り出すと、また長くなりますけど、この黄巣の乱というのは、唐帝国を北から南まで全部荒らしまわって、最後にはとうとう長安にも突入するということになります。

黄巣という人は塩賊《えんぞく》だったんです。どういうことかと申しますと、塩というのは、古く漢の時代から中国の朝廷にとっては専売品だったんです。ですから、財政難になると、塩の値段をどんどん上げるわけですよ。今の消費税とはいいませんけど、とにかくどんどん値上げして、原価の百倍とか千倍とか、とんでもない値段で売るようになります。どんなに高くても、生きるために必要なものだから、買わざるを得ません。だけどやっぱり、それではたまりかねる人が出てくるわけです。で、自分たちで塩の闇ルートをつくって売る。そうすると、専売品の半分くらいの値段で塩が買えるわけで、民衆にとってはありがたいわけです。一方、塩賊にとっても、儲《もう》けは充分にある。

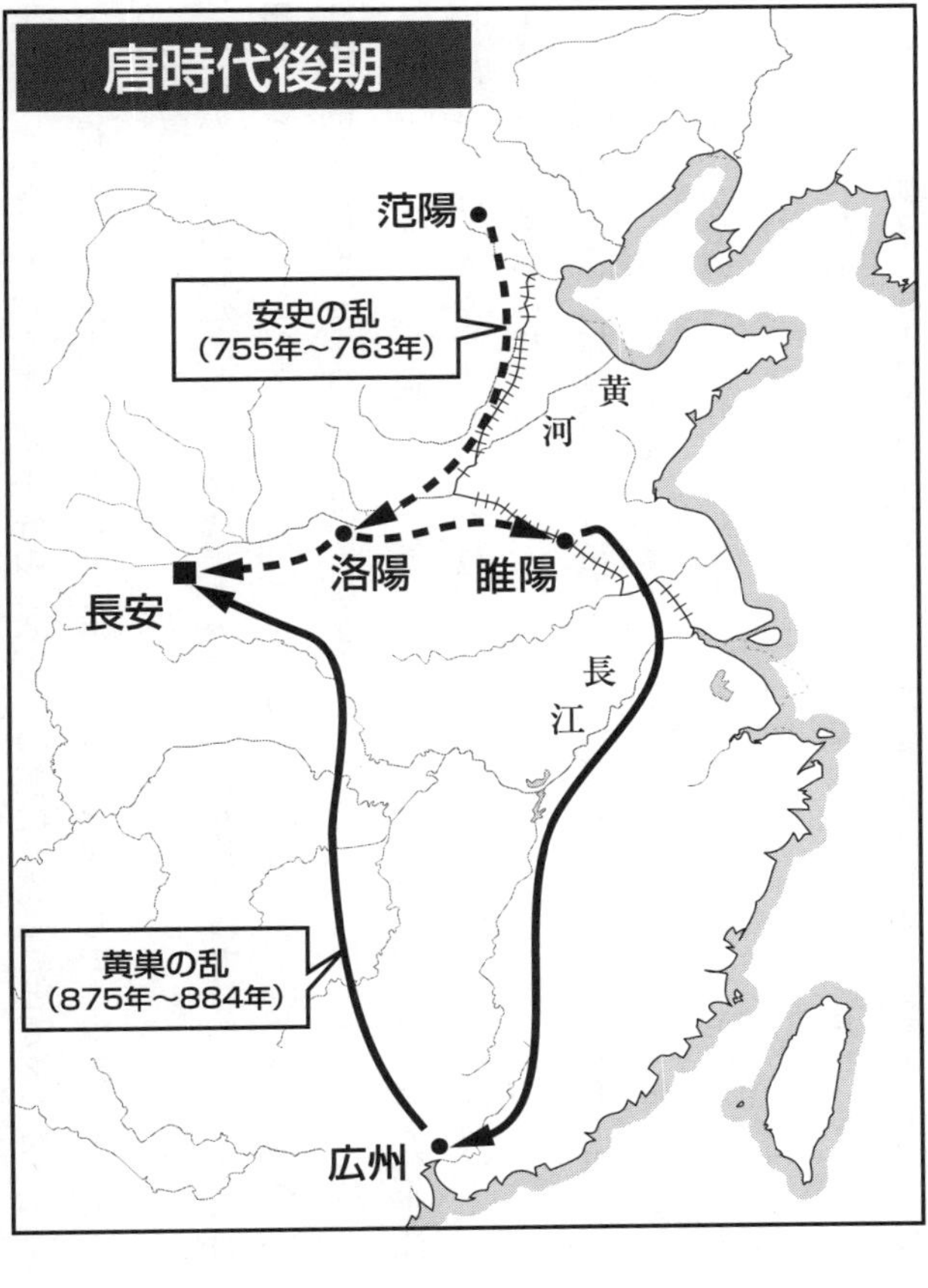
唐時代後期
范陽
安史の乱
(755年～763年)
黄
河
洛陽
睢陽
長安
長
江
黄巣の乱
(875年～884年)
広州

半分といったけど、専売品の十分の一くらいの値段で売ることもあったんです。それでも儲けが出る。黄巣は、そういうところから身を起こして、中国全土をのしてまわったわけです。

ですから唐の朝廷としても必死になってそれに対抗するわけですが、六二番の李克《りこく》用《よう》のような人が、そのあたりから出てくるのです。この李克用という人も、もともとは騎馬民族の出身ですね。非常に勇猛な人でした。この人は生まれつき片目がつぶれていたので、独眼龍《どくがんりゅう》と呼ばれています。ですから、日本の伊達政宗を独眼龍というのは、その呼びかたをまねしたわけです。これも李克用のほうが伊達政宗よりも八百年ほど早いですからね。

李克用のひきいる軍隊は、全身黒ずくめでした。甲冑《かっちゅう》も、軍服も、馬も、すべて黒ずくめだったのです。それで、鴉軍《あぐん》——カラス部隊と呼ばれて、非常に強力でした。この部隊が地平線に現われたりしますと、黒一色の姿で、黒雲が押し寄せて来るような迫力があったといわれています。

さて一方、黄巣のほうも、内部分裂などが起こりまして、朱温《しゅおん》という男が黄巣を裏切り、唐の朝廷の味方になりました。唐の朝廷は彼に名前を与えました。これが朱全《しゅぜん》忠《ちゅう》です。それでいちおう朱全忠と呼ぶことになっていますけど、中国で出ている本なんかを見ますと、朱温と呼び捨てですね。というのも、この男は最初に黄巣を裏切ったわけですけど、結局朝廷も裏切って皇帝とその兄弟を皆殺しにし、唐を亡ぼした上に長安に火を放って焼きつくしてしまうという、とんでもないやつですから、中国で書かれた歴史もの、まあ『残唐五代史演義《ざんとうごだいしえんぎ》』その他いろいろありますけども、いずれも朱温と書かれています。全忠なんて立派《りっぱ》すぎる名前は使ってもらえないですね。腐敗した宦官《かんがん》たちを一掃したり、首都を長安から開封《かいほう》へ移したり、それなりに改革らしいことはしたのですが、粗暴で残忍なふるまいが多く、ついに自分の子に殺されるはめになります。その直前、「おれの子はつまらん役たたずだ。犬や豚みたいなもの

李克用（りこくよう）
八五六〜九〇八。唐末の武将で、後唐の事実上の建国者（太祖）。トルコ系、突騎施族。唐末の混乱のなかで後梁を建国した朱全忠と、常に対立関係にあった。用兵の天才といわれ、黒い服装で身を固めた軍をひきいたところからその軍は鴉軍と恐れられた。片目がつぶれていたところから独眼龍とも呼ばれた。その激しい行動にも関わらず大局的抗争で朱全忠には勝てず、後梁の建国を許してしまう。その子の代になって後梁を倒し後唐を建国したが短命な王朝であった。『新唐書』巻二一八沙陀伝。

だ」と罵《ののし》っていたというのが、どうにも皮肉ですね。

一方、李克用《りこくよう》という人は、良い意味でも悪い意味でも典型的な武将でして、朱全忠のような海千山千の奸雄《かんゆう》とは全然ちがうものですから、何かにつけ、してやられるわけです。たとえば朱全忠が李克用の手柄なんかもなかなかそのまま朝廷に伝えてやらないなんてことがありました。あるとき朱全忠が李克用の陣を急襲して火を放つ。そうすると火と煙の中で馬に乗って逃げる影を見て朱全忠が矢を放つと、相手は落馬する。李克用をやっつけたと思って近づいてみると、朱全忠の部下だった、などという話もあります。

このふたりの抗争のうちに唐が亡びて、いよいよ次の五代十国《ごだいじっこく》の時代になるわけです。

五代十国の諸国を建てた帝王たちというのは、唐末に天下の各地で活躍していた武将たちですね。それぞれに個性と才能を持った人物で、後漢末の群雄をしのぐ魅力がありましす。いずれも帝王紀で述べたほうがいいのですが、この際エピソードがおもしろい人をひとりだけあげておきましょう。前蜀《ぜんしょく》という国を建てた王建《おうけん》です。

王建は少年のころは無頼《ぶらい》で、さまざまに悪事をはたらきまして、郷土の人たちにうとまれていました。一時は行商人になったようですが、結局、軍隊にはいって頭角《とうかく》をあらわします。黄巣《こうそう》の叛乱軍と戦い、三十八歳で将軍になりました。乱世の勇者なんですね。平和な世の中ではエネルギーを持てあまして悪事をはたらいてしまうわけです。

西暦でいうと八八五年の冬、強大な賊軍が長安に進攻してきます。時の皇帝は僖宗《きそう》という人で、若くて無力でした。賊軍に対抗できずに蜀へと逃げだします。百三十年前の玄宗と同じルートをたどってのことで、つまり名だたる蜀の桟道《さんどう》を通ることになりました。

このとき賊軍の追撃は激しく、逃げる皇帝の一行に追いついて、桟道に火を放ちます。冬の夜のことで、北からの強風が峡谷を吹きぬけている、その風に乗ってまたたく間に猛火が桟道全体をのみこみました。皇帝のおともをする人々が、つぎつぎと火につつまれて、暗い谷底へ転落していきます。若い皇帝は馬の背にしがみついて半ば気を失っていましたが、それを救ったのが王建でした。

王建は背中に伝国《でんこく》の玉璽《ぎょくじ》をおさめた箱をせおい、左手には皇帝の馬の手綱をつかみ、右手の剣で燃え落ちる木の枝を斬りはらいながら、とうとう火と煙のなかを突破して皇帝を救ったのです。彼は皇帝の生命の恩人として絶大な信頼を受けましたが、皇帝が長安に帰ると、自分は蜀に残って、自力で蜀の全土を切り取っていきます。唐が亡びたときには、各地の群雄に呼びかけて朱全忠を打倒する義軍をおこそうとしますが、これは失敗しました。結局、自分で国を建てて、国号を大蜀《たいしょく》とします。これが歴史的に前蜀と呼ばれるわけですね。首都はむろん成都《せいと》です。

王建は自分は無学でしたが、文化や芸術を尊重して文人を厚遇したので、戦乱を避けようとする文人たちが集まって、蜀は文化の中心地になりました。王建の妻も女流詩人として有名な人で、花蘂《かずい》夫人の名で知られます。王建の墓は死後千年以上たって発見され、成都の貴重な文化遺産となっていますが、やっぱりというか、日本人観光客はほとんど無関心だそうです。この本をお読みになった方、成都へ行かれる機会があったら、ぜひ王建の墓を訪ねてみて下さい。永陵《えいりょう》といいます。

紛々たる乱世　五代十国時代

五代十国の世は、西暦でいうとちょうど十世紀になります。中世から近世へ、貴族の時代から庶民の時代へという過渡期にあたりますね。そういう変化は安史の乱以後にすでにおこってはいますが、大唐帝国の滅亡が、いわば象徴になるというところでしょうか。

唐時代の最後のほうでいいましたように、李克用《りこくよう》という人は典型的な武将で、それ以外の才能というのは、あんまりなかったわけです。政治や外交の才能ですね。そのことを自分で知っていましたので、李克用は、張承業《ちょうしょうぎょう》という腹心を信頼して、その人に多くのことを任せました。

張承業は唐の朝廷につかえていた宦官《かんがん》ですが、歴史上一番忠誠心の強い宦官だったといわれています。中国で出ている宦官の列伝を読みますと、「忠誠無比の張承業」と書かれています。忠誠無比の、という形容詞がつくくらいの人だったのです。

この人は、李克用を見こんだわけですね。李克用こそ、亡びゆく唐王朝を助ける人だと見こんで、協力するようになりました。この人は若いころから唐の朝廷のために、必死の活躍をしまして、たとえば敵に追われたときに、冬の最中で黄河が氷結しているわけです。氷結してるけども、ときどき音をたてて割れる。そういう黄河の氷の上を渡って逃《のが》れ、朝廷に急を知らせたなどというエピソードもあります。

この人が非常に宰相としての力量があった人で、李克用が戦場に出ている間に、その根拠地を統治して、立派に治《おさ》めました。立派に治めて、前線に補給をするわけですね。あるいは本営にいて、いろいろ作戦を練ったりもしています。

そこで、六四番の**周徳威**《しゅうとくい》という人ですけども、この人は李克用の部将で、タイプとしては猛将となるでしょうけど、用兵も非常にうまかった人です。

周徳威（しゅうとくい）

?～九一八。朔州馬邑（山西省朔県）出身。李克用に仕えて功があり、天下にその勇名が轟いた。当時、華北では、大運河一帯を握って勢力のあった後梁と、塩と鉄を握り精悍なトルコ系部族を中心とする後唐との間に死闘が繰り広げられていた。そのなかにあって、九〇八年に後唐の荘宗に従って力戦し、後梁軍を撃破した。以後もたびたび後梁との戦いに勝ち、後唐の確立に功績があったが、九一八年柳陂《りゅうは》の役で戦死した。『旧五代史』巻五六周徳威伝、『新五代史』巻二五周徳威伝。

この人の伝記を読むと、何度も敵と一騎討ちをするんですけども、ことごとく勝っています。しかも、相手を斬るのではなくて、生け捕りにしてしまうんですね。それぐらい相手との力の差がありました。

さっきいいました李克用が死ぬときには、張承業に、息子を頼むぞといって死んでいくわけです。その息子というのが李存勗《りそんきょく》という人で、皇帝になって後唐《こうとう》の荘宗《そうそう》と呼ばれる人です。

周徳威が軍をひきいて朱全忠の大軍と睨《にら》み合いになったことがあります。敵の数は八万、味方の数は一万というところでした。ただ、味方のほとんどが騎兵ではありました。そのときに、周徳威はなかなか戦おうとせず、テントの中で寝ているものですから、李存勗が腹をたてます。我が軍は騎兵が多いのだから速戦即決ですぐに戦えと命じますが、周徳威は、ふん、といっているわけですね。それで、そのとき李存勗についてきた張承業が、周将軍はいったいどういうつもりか、と尋《き》くと、周徳威は、これこれこのとおり作戦がある、と答えました。それで、張承業が李存勗に、周徳威に任せておけばまちがいありませんと、そういったわけですが、周徳威は敵の動きをじっと見ていたのです。そして、急に来たもので敵に食糧がないことを見抜いていました。敵は食糧がなくなり、引きあげようとして、山間部から平野に移動していったわけですね。周徳威《しゅうとくい》は敵が平野に出ていったところを見すまして、騎兵による全軍突撃をかけ、一気に蹴散《けち》らしたのです。少数の騎兵で多数の歩兵を破った、有名な戦例だといわれております。

このように、張承業《ちょうしょうぎょう》と周徳威のコンビで、李存勗《りそんきょく》を支えていたわけですけども、その後また似たような場面がありまして、このときも周徳威がなかなか戦おうとしないものですから、李存勗が、どうしても戦えと強要します。このときは周徳威はしかたなく出撃していって、結局、息子たちとともに戦死してしまいました。李存勗は後悔したんだけども、およばなかったということですね。

後に述べる岳飛《がくひ》が少年のころ、壁にかけられた額《がく》を見て、この文章は昔、李克用が周徳威にあてて書いた手紙だ、と言いあてたという話があります。周徳威が五代の武将として有名な人だったということがわかりますね。

その後、李存勗が帝位につくときに、張承業が驚いて制止します。いま帝位についたら、人心を失うというわけですね。「あなたたち父子は唐王朝を再建するために戦ってきたわけで、だから私も協力したのだ。まだ朱全忠《しゅぜんちゅう》は亡びていないのに、いま帝位についてどうするのだ」と、泣きながらいさめたんですけども、李存勗は顔をそむけて、部下がみな帝位につけといっているんだからしかたないんだ、と答えたんですね。張承業はがっくりと肩を落として去っていったんですけども、結局、絶食して死んでしまいます。

そういうことがあったので、張承業という人は歴史上最も忠誠心の強い宦官ということになっているわけですね。唐の忠臣であり後唐の功臣である、と評価されています。

つぎに、六三番の王彦章《おうげんしょう》です。この人は朱全忠の部下なんですよ。この人も非常に猛将として名高い人で、王鉄槍《おうてつそう》という綽名《あだな》がありました。重い鉄の槍を振るって敵の中に突入していき、あたるをさいわい薙《な》ぎ倒すという人でした。弓の名人でもありまして、十八本の矢をまたたく間に放って、十八人の敵を倒したというような話も残っています。これは『水滸伝《すいこでん》』にも有名な故事として引用されていますね。

ですから結局のところ、五代十国時代の中原《ちゅうげん》をめぐっての主要な争いというのは、李克用の後唐《こうとう》と朱全忠の建てた後梁《こうりょう》の争いということになるわけです。王彦章と周徳威は同じ時代の人で、両軍を代表する猛将だったわけですから、一騎討ちしたのかなあ、ぼくが小説書くんだったら、必ず一騎討ちの場面を書くなあ、と思うんですけども。

王彦章という人もずいぶん奮戦して多くの敵を討ちとりましたが、結局戦いに敗れて李存勗に捕らえられました。李存勗は、王彦章の武勇を高く評価していましたから、降伏しろと勧《すす》めるわけです。そうしたら重く用いるから、と。そのとき王彦章がいった台詞《せりふ》が、「豹《ひょう》は死して皮を留《とど》め、人は死して名を留む」というものです。自分は名を惜しむ、主君を裏切れない、と。そして、陣中で斬られるわけです。

ですから五代十国時代、非常な乱世ではあったんですけども、武将といったらこの

王彦章（おうげんしょう）

八六二？〜九二三。鄆州寿長県（山東省寿長県）出身。五代後梁の武将。常に一本の鉄の槍をもって戦場に臨んだので王鉄槍と綽名《あだな》された。後唐は彼を恐れ、九一五年にその妻子を捕らえて誘ったが、使者を斬って拒否した。累進して宣義軍節度副大使知節度事に昇った。後梁は後唐の激しい攻撃によって崩壊するが、王彦章は最後まで戦い、後唐の荘宗李存勗に敗れて斬られた。内乱時代の武将といえる。これにより後梁は滅亡するが、王彦章が忠義をつくしたことは敵の賞賛をも得、後晋の高祖は太師を追贈した。『旧五代史』巻二一王彦章伝、『新五代史』巻三二王彦章伝。

ふたりくらい。「私撰中国歴代名将百人」の中に書きましたけども、この時代、実力のある武将というのは、だいたい自立して皇帝になってしまうんです。ですから、いろいろ捜して、いまのところ王彦章と周徳威のふたりだけという感じになりました。でもまだ捜せばいるんじゃないかと思います。

五代十国というのは、後世に中国で小説が出されると、紛々《ふんぷん》たる五代十国のような、という言葉がつくほど乱世の代名詞とされてきました。次から次へと王朝が交代しまして、そして周辺にも国ができて、それぞれの王がいるという時代でした。

ただこの時代に、商業も農業もずいぶん発達しています。五代十国のうちに楚《そ》という国があって、これはだいたい今の湖南《こなん》省を領域とした国なんですね。この国は弱かったんですけども、とにかく国をあげてお茶を生産して、そのお茶を輸出して一国を支えていたというんですね。だから茶業立国という感じで、なかなかおもしろいものがあります。茶をつくる人たちにはむろんそれなりの苦労があったでしょうけど、やたらと武力を誇るばかりが国づくりではありません。ユニークな国のありかただと思いますね。

ですからこの当時もいろいろ群雄が出て、それぞれの国に魅力的な王さまがいます。

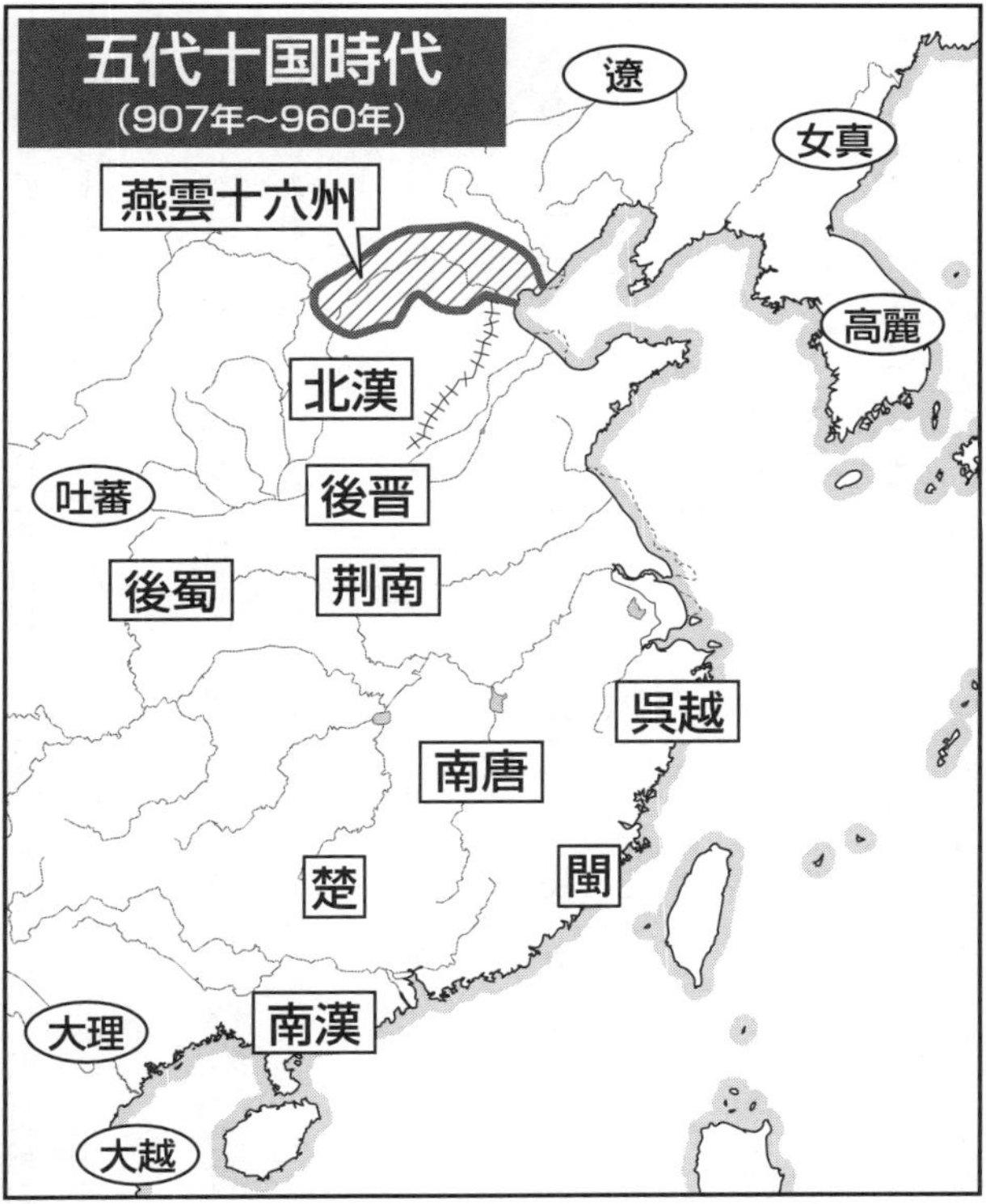
五代十国時代
(907年～960年)
遼
女真
燕雲十六州
高麗
北漢
吐蕃
後晋
後蜀
荊南
呉越
南唐
閩
楚
大理
南漢
大越

楚の国を建てた馬殷《ばいん》。十代で王位について国を強く豊かにした呉越《ごえつ》の銭弘佐《せんこうさ》。政治家としてはまるでだめでしたが、詩人として優れていた南唐《なんとう》の李煜《りいく》。そういった人たちですね。

五代十国の時代というのは七十年ほどつづいて、その終わりのほうでは、後周《こうしゅう》の世祖《せいそ》といわれる人が、天下統一をほとんど完成します。天下統一の直前に、三十九歳で亡くなりますけど。

この後周の世祖の武将として活躍したのが、のちの宋の太祖趙匡胤《ちょうきょういん》でした。これでいよいよ次は宋の時代ということになります。

宋の時代については、順を追ってやっていくと長くなりますが、最初にちょっと申しあげておかなければなりません。以前、三国志しか読まずに「三国時代が中国史で一番おもしろい」などと発言する人について、ちょっと非難がましいことを申しましたが、京劇《きょうげき》という点から見ますと、宋の時代が一番おもしろい時代だといっても、あながち無茶でもないのです。『京劇劇目辞典《きょうげきげきもくじてん》』という本がありまして、京劇の作品名がすべて載《の》っているという、大辞典なのです。これがだいたい、どの時代を背景にしているかということで章が分かれているんですね。漢の時代を背景にした作品がいくつ、三国時代を舞台にした作品がいくつ、唐の時代、宋の時代とあって、全部ある中で宋の時代に題材をとった作品というのが、一番多いのです。三国時代が五百十篇、宋時代が千二百一篇。

というのが、宋の時代というとまず『水滸伝』がありますね。それから『岳飛伝』がありますo それから『楊家将演義』、さらに『三俠五義《さんきょうごぎ》』、あるいは『包公案《ほうこうあん》』——名裁判官だった包拯《ほうじょう》のお話です。

とにかく、現代にまでつながる中国民衆のヒーローというのが、この時代には湧《わ》きあがるように出現します。ですから、あえていえば中国の時代の中で宋の時代が一番おもしろいといってしまってもいいんですが、もう黄帝《こうてい》以来四千七百年の歴史を持つ中国で、どれか特定の時代が他の時代に比べて一番おもしろいなんていい方ができるはずがないのですね。これは、一面の見方として、こういう見方もできるというだけのことですが。

唐の長安も華やかな都でしたけど、城壁の中にさらに城壁があって、夜になるとそこから外には出られませんでした。宋の時代になると、もう城壁の中では自由に行き来できるようになって、夜間通行もほぼ自由になるわけです。

そういうふうに、庶民の活力とか庶民の文化が非常に盛んになってくる、魅力にあふれた時代です。

続出するヒーロー

宋時代

いよいよ宋の時代に入ります。同時代的に、遼《りょう》とか金《きん》についても話していきたいと思います。

宋という時代は、五代十国の後に天下を統一して成立したわけですが、領土という点からいきますと、唐の半分という感じでした。だいたい今の中国の、万里の長城の南、いわゆる中国本土《メイン・チャイナ》のみだったわけです。

そのころ北方では特に強くなっていたのが契丹《きったん》族でして、これは要するにキタイですね。

中華帝国と北方の騎馬遊牧民族の力関係というのは、実にはっきりしてまして、中華帝国が衰えたり分裂したりすると、北方の遊牧民族が南下してくるという、単純といえば単純な関係が成り立っています。それで五代十国の間に契丹は北方で勢力をのばしました。これはだいたい、隋末の乱世のころに突厥《とっけつ》が非常に勢力をのばしたけど唐の最盛期にやられてしまったという、それをどうも繰り返したようなところがあります。ただ、宋は唐ほど軍事力が強くなかったので、領土という点に関しては回復できずにやられっぱなしという感じがするんですね。

それでまあ六五番の曹彬《そうひん》という人ですが、宋を建てたのは太祖《たいそ》趙匡胤《ちょうきょういん》です。太祖というのも、死後の廟号《びょうごう》ですが、趙匡胤は、五代の最後の王朝である後周《こうしゅう》につかえて、三十歳そこそこで全軍総司令官になったという、優《すぐ》れた武将でした。若いころから気風《きっぷ》が良くて、親分肌の人だったのです。弱きを助け、強きをくじくという感じの、ちょっと民衆的なヒーローの要素がある人でした。ですからこの人を主人公にして、

趙匡胤（ちょうきょういん）

九二七～九七六。在位九六〇～九七六。宋の初代皇帝（太祖）。父趙弘殷《ちょうこういん》以来の武人で、後周の英主世宗に従って功をあげ近衛軍の隊長になった。世宗が若くして没すると、折からの遼侵入の噂のなかで兵をひきいて陳橋まで出撃し、そこで推戴されて帝位につき、宋を建てた。豪快な人物で五代以来の混乱を収拾し宋王朝の基礎をつくったが、同時に宋王朝の維持のために配下の武将の兵権を解くなど周到な配慮をする一面もあった。多大の業績をあげたが、隆盛期にあった遼には勝つことができなかった。しかしそれは一方で遼の南下を食い止めたともいえる。その死は謎に包まれ、突然死という説や弟の太宗趙匡義に弑《しい》されたという説などがある。『宋史』巻一～三太祖紀。

『飛龍伝《ひりゅうでん》』——Flying Dragonですね。あるいは『飛龍記』、あるいは『飛龍全伝』。呼び方はいろいろありますけど、とにかく飛龍というのでは一致しています——そういう、日本でいいますと『太閤記』みたいな物語もできております。

そうして、この曹彬という人は、同じく後周につかえていたころに趙匡胤と知り合ったのです。曹彬という人はもともとは、いってしまえば木《こ》っ端《ぱ》役人の出なんですが、知り合ったのは、お酒の管理官をしていたときなんですね。宴会なんかのときにお酒を出すわけですが、その酒蔵の番人みたいなことをしておりました。といっても、たとえば宮中の宴会なんかは大事な行事ですから。

趙匡胤があるとき酒を飲みたくなって、曹彬のところに行って、「ちょっとばかし酒を分けてくれや」といったわけです。そうしたら曹彬は、「たかが酒といっても国家の物だから、自分が勝手にあげるわけにはいかない」といって、自分のポケットマネーを出してお酒を買ってきて、「これを飲んでください」といいました。それで趙匡胤が、たかが酒蔵の役人とはいっても偉いもんだと見こんで、以後、自分が出世するにつれて取りたてるようになっていったというんですね。それが、いつのまにか大将軍として宋の最高司令官になるんです。

わりと中国史には、こういうことがある。とるにたらない木っ端役人だったのが、見こまれてその後大出世する。まだ文官としてならわかるけど、武将として出世するというあたりがちょっと不思議な気がします。

趙匡胤《ちょうきょういん》が皇帝になったときの話というのも有名ですね。後周の世祖《せいそ》皇帝といわれる人が、三十九歳で亡くなったものですから、当然ながらあととり息子というのはまだまだ小さな子供です。それで乱世はまだ完全に終わったわけではない。ですからどうしても幼君《ようくん》では頼りないということで、そのころは王朝が次々に交代するのはべつに不思議でも何でもなかったことですから、一番人望と実力のあった趙匡胤を新しい皇帝に押したてようという動きが軍隊で起こってきました。だいたいそこらへんでシナリオを書いたのは趙匡胤の弟で趙匡義《ちょうきょうぎ》という人です。先にも申し上げましたが、兄弟ですと、名前に共通の文字を使うということがよくあります。あるいは文字の一部、偏《へん》などですね。

それで、ちょっと余談になりますけど、中国の人名のつけ方です。日本ですと徳川《とくがわ》家康《いえやす》の息子が徳川信康《のぶやす》、織田《おだ》信長《のぶなが》の息子が織田信忠《のぶただ》、豊臣秀吉《とよとみひでよし》の息子が豊臣秀頼《ひでより》という具合で、親の名前の一字を子供がつけるというのが普通のことです。むしろそちらのほうが由緒《ゆいしょ》正しいですけども、中国では父親と子供で共通の文字を名前につけるということは絶対にありません。ただ、歴史上唯一の例外というのが、東晋《とうしん》時代の書の名人だった王羲之《おうぎし》ですね。これは息子の名前が王献之《おうけんし》になっていて、文字が共通するんですが、これはなぜなのか。本来だったら絶対ありえないことなんですけども、〝之〟というのは文字として考えられてなかったのかなとか、ちょっとね、いろいろと首を捻《ひね》っているのですが、これはわかりません。ぼくが無学で知らないだけで、ちゃんと理由があるのだと思いますが。

それでこの趙匡義という人が、王朝交替のシナリオをたてます。あるときいきなり兵士たちが、みなで黄色の上着を持ってきます。黄色の上着というのは、皇帝しか着てはいけないんですね。それを趙匡胤が酔っ払って寝ているところに、ぱっとかぶせてしまうわけです。それで趙匡胤はしかたなく帝位につくことになった、というお話があります。

まあ、これも丸ごと全部を信じる必要はないでしょう。趙匡胤という人は万事無理をしないという人でしたが、手荒なことをしないようにという感じで、暗黙の了解はあったと思いますね。なにしろ趙匡胤は、幼い主君から位を譲ってもらったという形になりましたので、その幼い主君の家というのは大事にして、ずっと貴族として厚遇します。だからそのへんが趙匡胤が偉いといわれるところですね。これが南北朝時代だと、前の皇帝の一家をかたっぱしから皆殺しにしてしまいますから。

そして趙匡胤が天下をとるための戦いを進める中で、最も強敵だった南唐という国を征服するときの総司令官に使ったのが曹彬《そうひん》です。その副将になったのが、潘美《はんび》という人でした。

趙匡胤がこのふたりを遠征に送り出すときに、どうだ、やれるかと尋《き》いたわけです。そうすると曹彬は、「自分にとってはたいへんな任です」と答えたのに対して、潘美は、「こんなものお手軽です」と、偉そうなことをいったんですね。そうすると趙匡

曹彬（そうひん）
九三二～一〇〇〇年。真定霊寿（河北省正定県）出身。五代末北宋初期の武将で、後周の姻戚《いんせき》にあたる。後周の世宗に仕えていたが、北宋の建国とともに太祖に従い蜀および江南の征討に功績をあげた。太宗時代には北漢征討、燕薊《えんけい》回復の作戦にも参加した。真宗時代に枢密使となったが病没した。清廉潔白な人柄で歴代の皇帝に信任されたという。宋という軍事的には脆弱《ぜいじゃく》な国家に生きて天下平定に努力した武人で、漢・唐の建国初期の武将とはまたスタイルと性格が異なる。『宋史』巻二五八曹彬伝。

胤は曹彬のほうを見て、「大将の仕事というのは出しゃばりの副将を斬って捨てればすむんだ」といったという、なかなかすごい話がありますけど。

こうして曹彬は、長江の渡河に成功して南唐を亡ぼします。長江の渡河に成功するということ自体、大事業ですね。

曹彬という人は――上巻で名将の条件のDに付け加えましたけど――絶対に民を害さなかった人で、その前に蜀《しょく》を宋軍が占領したときに、宋のほかの将軍たちはずいぶんと略奪とか放火とかやったのですが、曹彬だけは絶対にそういうことをしなかったのです。太祖趙匡胤もそこを見こんで、南唐征伐軍の総司令官にしたのですが、南唐を亡ぼしたときにも、曹彬は太祖の信頼にこたえて、まったく略奪なんかはしませんでした。

ただ、征伐から帰ってきたときに曹彬がけっこう荷物を持っていたんで、あいつも略奪したんですと告げ口する者がいて、太祖が怒って調べさせたら、財宝など全然なくって古本ばかりだったと、そういう話があります。

曹彬にも息子たちがいて、それぞれそれなりの出世をしましたけれども、ちょっとおもしろいのは、その中のひとりが仙人になったという話があることですね。

いわゆる八仙《はっせん》という中国の有名な仙人たちがいますけれども、その中のひとり曹国舅《そうこくきゅう》という人が、曹彬の何番目かの息子じゃないかというんです。まあ、これは民間説話ですから、事実とは限りません。

ずっとのちに元《げん》の忽必烈汗《フビライハーン》が宋を亡ぼすときに、部下に向かって曹彬を見習えといったんですね。江南を征服するのに、軍事的にも完全に成功して略奪とかそういうことをいっさいしなかった、だから曹彬を見習え、といったという有名な話があります。

南唐を亡ぼしたことによって、宋の天下統一というのはほとんど実現するわけですが、最後に残っていたのが北漢《ほくかん》という国です。

これは現在の山西省のあたりにありました。そんなに大きな国ではなかったんですけど、バックに契丹がいまして、その応援を受けていたので、なかなか侮《あなど》れない敵だったわけです。

いよいよ北漢を亡ぼして天下統一が成るかというときに、趙匡胤《ちょうきょういん》が急死してしまいます。それで弟の趙匡義《ちょうきょうぎ》が跡を継ぐわけですが、ちょっとそこらへんには歴史上有名なミステリーがありまして、趙匡胤が病《やまい》で臥《ふ》せっていたときに弟の趙匡義が見舞いに訪れます。何か他の人を遠ざけてひそひそ密談していたかと思うと、いきなり趙匡胤が手元に置いてあった斧をとって、「こうするのだぞ」と叫んで、斧を床に打ちつけたのです。その音に驚いてみなが近づいてみると、もう趙匡胤は死んでいた、といわれます。

だから、あれは弟が兄を殺したんではないかという話が当時からあるわけです。ただ、状況は怪しいのですが、証拠は何もありません。ですから、昔からこういわれています。

「斧声燭影千古の疑《ふせいしょくえいせんこのぎ》」

斧声というのは斧の音ですね。燭影というのは灯火が揺れているありさま。千古の疑、千年経《た》っても解決されないミステリーだと、そういわれています。

とにかく趙匡義が跡を継いで、宋の太宗《たいそう》皇帝になりました。二代目だから太宗ですね。この人によって天下が完全に統一されたわけで、後周の世宗《せいそう》、宋の太祖、宋の太宗と、三代にわたる天下統一の事業を、宮崎市定《みやざきいちさだ》博士は、日本における信長、秀吉、家康、三代にわたる天下統一と似ていると、たとえてらっしゃいます。

それで、ただ一国残っていた北漢は、最初は宋に対抗しようかと思っていたんですけど、とても勝ち目はないしということで、ついに降伏したわけです。そのとき、北漢の将軍に六六番の**楊業**《ようぎょう》という人がいたわけです。この人は主君に向かって、天下は統一に向かっている、宋に降伏したほうがいい、と勧《すす》めた人なんですけど。

この楊業という人から、中国の超ベストセラー小説『楊家将《ようかしょう》演義《えんぎ》』が始まることになります。『楊家将演義』というのも、いろいろ異本があって、なかなか正確な呼び方というのに困るんですけど。

この人は、生涯を北方の契丹《きったん》――国号を遼《りょう》といいますけど――との戦いにささげた人です。勇猛で用兵に長じ、敵におそれられていました。宋に帰順してから見こまれ

楊業（ようぎょう）

?～九八六。并州太原（山西省太原）出身。若いときから騎射にすぐれ、北漢に仕えた。北漢が宋に滅ぼされると宋に仕え、代州に駐屯し契丹を雁門の戦いで撃破した。以来、契丹は楊業の軍旗を見ると兵を返したといわれるほど勇名が轟いた。以後も北辺にあって契丹の侵攻に備えていたが、監軍王侁《おうせん》の強制によって戦いに出、諸将の援助もなく孤軍奮闘の末に契丹の捕虜となった。食を絶つこと三日にして没したが、朝廷では彼を死に追いやったことが問題になり、大将の潘美や王侁らは罪に問われた。『宋史』巻二七二楊業伝。

て、ずいぶん多くの戦いに出たんですけど、最後の戦いのときに、潘美《はんび》――さっき出ましたね。南唐を征伐に行くときに大言壮語して太祖に叱られたという人ですが――の下で、副将として北方に遠征したとき、潘美が要するに采配《さいはい》ミスをしたのです。よく北方の事情がわからないのに非現実的な作戦を立てて、楊業が反対したのに、むりやり行かせる。楊業はついに死を覚悟して出撃していって、予想どおり敵に囲まれました。十数人を倒したところで槍を受けて馬上から転落して捕まってしまいます。彼は、契丹軍に降伏を勧《すす》められましたが、頑として応ぜず、傷の手当てもさせず食事もとらず、数日で憤死してしまうわけですね。ですから潘美という人はそういうところがあって、『楊家将演義』では徹底した悪役になっています。

その楊業の一門というのが楊家将で、その後、五世代にわたって北方の契丹と戦いつづけるという、そういうお話になっています。何世代にもわたってつづく物語の中で、特にヒロインとして有名なのが六八番の穆桂英《ぼくけいえい》でして、この人は楊業の孫の妻ということになります。

その前に、六七番の耶律休哥《やりつきゆうか》について語らなければなりません。この耶律休哥というのは、契丹族で、つまり遼の人ですね。この人には霅帥《でんすい》という異名がありました。

要するに、電撃将軍といいますか、Thunder Generalといいますか。非常に勇敢で、用兵のスピードが速かったわけです。

このころ宋の太宗は、自ら大軍をひきいて北方に遠征しました。西暦でいうと九七九年のことになります。世界史の教科書にはたいてい出てくる、燕雲《えんうん》十六州というのがありまして、これは要するに中国における北方領土です。まあ今の北京からちょっと北のほうにかけての地域になります。五代十国の乱世のときに、契丹が南下してきて、ずっとここを占領しつづけているのです。天下統一した宋としては、ここを回復しないことには中華帝国の正統な王朝であるという立場がないわけですね。万里の長城の南は中国の固有の領土だから回復しなくてはならないと、そういう感じです。

耶律休哥（やりつきゅうか）

?～九九八。征服王朝遼の武将。第四代穆宗より第六代聖宗まで常に第一線にたって遼を指導した。九七九年北宋の二代皇帝太宗が遼の南京（現北京）を攻撃すると救援して大いにこれを破った。以後、南進して宋と戦い、莫州（河北省）まで進出した。また、九八六年の宋の南京攻撃も撃退している。このように軍事に秀でていたが、民政にも意を用い、異民族として中国の一部を支配した征服王朝初期の指導者として適材であったといえる。『遼史』巻八三耶律休哥伝。

太宗は五十万の大軍をひきいて出撃していきましたが、耶律休哥がそれを迎え撃って、こてんぱんに負かしてしまいます。全滅寸前のありさまで、太宗は驢馬《ろば》の曳《ひ》く車に乗って、命からがら逃げ出すということがありました。太宗はそれに我慢できずに、また何年かたって大軍をひきいていきましたけども、またしてもぼろ負けして逃げ出すことになりました。

こうして耶律休哥という人は、契丹《きったん》――遼国の、南部方面軍司令官兼宰相という感じになり、もうこいつがいる限り宋は北方領土を回復できない、という状況になったわけです。耶律休哥はただ強いだけではなく、その南方国境地帯を統治して、非常に民政に意を用いたので、民衆に叛乱を起こさせるというような手段も、宋は使えなかったんですね。そういうわけで、契丹族、あるいは遼の歴史上、耶律休哥は最高最大の名将といわれています。それで、耶律休哥の名前を聞けば泣く子も黙るという、これは楊大眼《ようたいがん》のときにもありましたけども、そういう話が残っています。

ですから宋も、北方に関しては、大軍を出しても敗退してしまう。防戦一方という感じになったんですが、まあその中でがんばったのが楊一族です。

穆桂英《ぼくけいえい》という人は、もともと山賊の首領の娘だったんですね。楊業の孫、楊宗保《ようそうほ》と

北宋・遼時代
（960年～1127年）
遼（契丹）
燕雲十六州
西夏
高麗
梁山泊
開封
長
江
北宋
杭州
泉州

いう人が美少年で、彼女と戦場で出会います。で、穆桂英が、よし、あいつはもらったといって、出撃していって捕まえてしまう。自分の塞《とりで》へつれていくと、どうだ、私と結婚するかと迫って、結婚してしまうわけです。そうやって穆桂英は楊家将の一員となって、以後大活躍することになります。厳密にいうと実在性があやしいのですが、フィクション世界のスーパーヒロインでもありますね。中国史上の女将軍《じょしょうぐん》といえば、まず穆桂英の名があげられるという、それほどの有名な人です。その後も穆桂英は赤ん坊を抱いて敵中を突破したり、強いだけでなくたくみに兵を指揮したり、ずいぶんがんばっていますね。

そもそも、六六番の楊業の奥さん佘賽花《しゃさいか》という人も有名な女将軍です。ちょっと話が前後して申し訳ないんですが、楊業が契丹軍に捕われて壮烈な最期を遂《と》げた後、一族をまとめたのはこの人でした。この人がたいへんなお婆さんで、百歳すぎても孫や曾孫《ひまご》をひきいて戦場に立つという、このへんになると、史実かどうかと追究するのも野暮《やぼ》な話になってくるんですが。

ですから楊一族についての話というのは次々と強い女性を一族に取りいれることによってつづいてきたというお話なんです。英語ですと"Yang Lady Generals"というタイトルで知られているそうです。Lady Generalというのは、なかなか響きの良い言葉ですね。ですから、物語の終わりのほうでは、女将軍たちがぞろぞろとつれだって出陣していくという、そういう場面もあります。これがやっぱり中国や香港では連続テレビドラマなんかになっているんですけども、女優さんたちの——日本でいえば赤穂《あこう》浪士四十七人の女性版といった感じで、実に華やかだそうです。観《み》てみたいものですね。

さらに枝葉のストーリーというのがいくらでもあって、それが京劇になったりしています。この前、天王洲アイルで上演された京劇でも、『楊家将演義』の中のワン・エピソードを舞台でやっていました。真っ暗闇の中で立ち回りをやるという、そうい

穆桂英（ぼくけいえい）

生没年不詳。木桂英ともいう。正史には記述が見られないが、中国史における女将軍、巾幗英雄《きんかくえいゆう》の代表として、彼女の名を知らない者はないほどの存在である。美貌、武勇、知略、侠気等、民衆の英雄としての条件をすべて満たしており、遼や西夏などの異民族国家と苦闘を続けた宋の対外軍事史を象徴する人物といえる。「穆桂英大破天門陣」「穆桂英大擺龍門陣」「穆桂英大擺迷魂陣」など彼女の名を冠した故事は数多い。『中国著名女将小伝』、『一百仕女図』。

う設定の話でしたけどもね。あと、息子が未だ見ぬ瞼《まぶた》の母を訪ねて、武者修行をしながら訪ね歩く話とか。有名なエピソードが山のようにあるんですよ。

宋という時代は、経済的文化的にはたいへん繁栄しましたけども、さっきいいましたように、領土という点についていうと、狭かったわけです。まあ狭いといったって、日本の十倍くらいあるんですけどね。中国の周辺にいる民族が非常にエネルギーを持って勃興《ぼっこう》していた時期で、北には契丹族の遼がいて、西にはタングート族の西夏《せいか》がある。井上靖さんの『敦煌《とんこう》』の時代ですね。

ですから楊一族というのはまず北の契丹をやっつけ、西の西夏をやっつける、だんだん史実と離れてファンタジーになっていくところがあるんですけど。とにかくそれで、民衆はやんやと喝采《かっさい》をおくるという、そういうことになるわけです。ですから穆桂英という人は、中国の全時代を通じての女将軍の代表として、あえて九九人のリストに入れたようなところがあります。

六九番の狄青《てきせい》ですね。この人は正史では宋の最高の名将だったといわれています。仁宗《じんそう》皇帝のころですね。やっぱりこういう人というのは、どうしても小説の主人公になるわけで、『万花《ばんか》楼演義《ろうえんぎ》』の主人公です。この人は名もない庶民の出ですけど、小説の中では一種の貴種流離譚《きしゅりゅうりたん》で、名家の息子ということになっています。でもそれはあくまでフィクションですね。

名もない兵士から将軍にまで出世した人なんですが、下っ端《したっぱ》の兵士というのは、逃亡や脱走を阻止《そし》するために、額にちょっと刺青《いれずみ》を入れさせられるんですよね。その刺青を将軍になってもつけたままにしていたといわれます。だいたい鎧《よろい》は着ても兜《かぶと》はつけずに、髪をばさばさに振り乱したまま陣頭に立って敵陣に突撃するという、そういう人でした。勇敢な人なんですけども、やっぱり勇敢なだけでは大将軍にはなれないので、ずいぶん用兵にも優れていたようです。四年間に二十五回大きな戦いに参加して、敵の矢を受けること八回と、そういう記録が残っています。

狄青（てきせい）

一〇〇八～一〇五七。汾州西河（山西省汾陽県）出身。農家に生まれ、兵卒から身を起こした。西夏との戦いで活躍し、韓琦や范仲淹らの知遇を得、一〇五二年には枢密副使に抜擢された。同年、華南で儂智高《のうちこう》の乱が起こると鎮圧に成功した。寡黙で慎重、熟慮して行動を起こすタイプの武将で、部下に思いやりがあり、苦労をともにしたので、信頼が厚く、部下も進んで力戦したという。宋朝第一の名将といわれる。『宋史』巻二九〇狄青伝。

あちこちで武勲をたてたわけですが、この時代に枢密使《すうみつし》という役職がありました。一般的に中国で国防大臣というと兵部尚書《へいぶしょうしょ》なわけですが、この枢密使というのは兵部尚書の上にいます。現代風にいうと軍事担当の副首相というくらいの、非常に高い地位ですが、狄青という人は、兵士からとうとう最後は枢密使にまでなります。宋の時代は非常に文官優位の時代でして、枢密使も、武将が就任するということは、建国当初をのぞいてまずなかったんですね。ほとんど文官がその地位につくんですけど、この狄青という人は一兵士から枢密使になったという、すごい人です。ただ本人はそうして軍事担当副首相として宮廷にいるのはどうも苦手だったようで、何かというと戦場に出たがったというんですが、やっぱりこの人も、部下に対して公正で、部下と労苦をともにしたので、兵士が命がけでこの人のために戦ったという、そういう話があります。

また彼は上司にもめぐまれました。韓琦《かんき》と范仲淹《はんちゅうえん》という当時の重臣は、文官ながら軍事に通じていた人としても有名ですが、このふたりが狄青を見こんで何かと引きたててくれたのです。

この狄青という人は『楊家将演義』にも出てくるんですが、じつは悪役として出てくるのです。どういうことかというと、楊家将の人たちはもう何代も国のためにつくしてきたけれど、どうも報われないでいる。そこへ狄青《てきせい》はいわば朝廷の代理人として出てくるので、どうしても割に合わない役なんですね。

ですから『楊家将演義』と『万花楼演義』と両方読んでいただくと、宋の最盛期のころの二大ヒーローの像が浮かびあがってきます。どちらか一方ですと、かたよってしまうかもしれません。『万花楼演義』といいますが、万花楼というのは、狄青を虐《いじ》めていた都の高官が建てた、たいそう立派な建物で、そこを舞台にして狄青が悪党どもと大立ち回りを演じるという、そういう場面があるんですね。

それで、狄青というのは仁宗《じんそう》皇帝のころの武将でしたけども、その時代に文官を代表したのは包拯《ほうじょう》です。この人も中国歴史上の超級英雄《スーパーヒーロー》ですから、名将伝には関わりありませんが、やっぱり言及しておく必要があると思います。

そもそも仁宗皇帝というのは中国の歴史上かなり人気のある皇帝で、この人には出生の秘密なんかがあるんですけどもね。そこまで語ると長くなりすぎます。

この仁宗皇帝を助けるために、天上世界からふたりの星神《せいしん》が降りてきた、それが文《ぶん》曲《きょく》星《せい》の包拯と、武《ぶ》曲《きょく》星《せい》の狄青だと、そういうことになっております。で、狄青は

『万花楼演義』、一方、包拯のほうは小説でいうと『三俠五義《さんきょうごぎ》』、あるいは『包公案《ほうこうあん》』ということになっていますが、これの主人公として現われます。公案というのは、事件の裁判記録のことですね。包拯という人は、名裁判官として名を残した人ですから。で、異名が包青天《ほうせいてん》といいます。青天というのは、要するに青天白日の青天で、公明正大な人柄を表わします。これも香港で『包青天』というタイトルの連続テレビドラマをやってましたね。日本でいいますと、大岡越前と水戸黄門を足《た》したような、いわば体制の正義を代表するヒーローです。それについて日本人の書いた小説を読みたかったら、井上祐美子さんの『桃花源奇譚《とうかげんきたん》』をお読みください。あれは井上さんの勝手な創作ではないんです。ちゃんとそういう伝説があるんです。なお狄青についても日本でひとつだけ短篇小説が出ていまして、その書き手は井上祐美子さんです。ここらへんはもう、あの人の独壇場ですね。今のところ井上さんの作品と、『三俠五義』は翻訳が出ていますから、このふたつは読めます。あと『包公案』というのは、これはいくつもの短篇を集めたやつですから、全部は読めないでいるのかなあ。いずれ『万花楼演義』も井上さんによって訳される予定ですから楽しみにしておきましょう。

以前に中国香港合作の『テラコッタ・ウォリアー』という映画が日本でも上映され

ました。秦の始皇帝につかえていた剣士が、二千年間生き埋めになっていて、一九三〇年代の西安《せいあん》――もとの長安《ちょうあん》で復活して悪人をやっつけるという、なかなか楽しいお話でしたが、その兵士が復活したときに、一九三〇年代のヒロインが尋ねるわけですね。二千年眠っていたなら、その間の歴史上の人物を知らないのか、と。そのときに出てくるのが、包拯《ほうじょう》も岳飛《がくひ》も知らないのか、という台詞《せりふ》です。

ですから陳先生との対談でも申しあげましたけど、乱世のスーパーヒーローが岳飛で、平和な時代のスーパーヒーローが包拯ということになるのかなと、自分なりにそう考えました。日本人が憤慨するかもしれませんけど、三国志の登場人物の名前は出ませんでしたね。

包拯（ほうじょう）

一〇〇〇～一〇六二。廬州合肥（安徽省合肥）出身。生来親孝行で、政治にも意を用いた名臣として知られ、人となりもよく、政府高官や貴族も彼には一目置いたという。一般に包待制《じせい》と呼ばれ、元曲などでは名裁判官として登場する。一〇六一年には三司使、枢密副使となって政治の中枢に座ったが翌年没した。彼を主人公にした物語は芝居でもてはやされ大いに人気を博した。物語は日本にも伝わり、さまざまな物語に取り入れられて愛好され、「大岡政談」などに影響が見える。『宋史』巻三一六包拯伝。

この後また岳飛などの名が出てきますが、宋の時代というのは、中国の民衆にとってのヒーローというのがわらわらと輩出《はいしゅつ》した時代でした。ですから小説の種になったのを見ましても、『飛龍伝』に始まって、『楊家将演義』に『万花楼演義』、『包公案』に『三俠五義』ときましたけど、この後、『水滸伝』がきます。これらがことごとく京劇の元ネタになります。ですから、京劇というものを基準にして考えていくと、中国の歴史上一番おもしろい時代は宋の時代だったと、あえて極論すれば、そういうい方もできるということです。もちろん極論で、これは一面的な見方ですから、そういう見方もできるということを申しあげたいだけでしてね。すでにいいましたけども、どの時代が一番おもしろいというういい方自体がナンセンスだと思いますから。

六九番の狄青と七〇番の宗沢《そうたく》との間には、時代的に百年ほどの間が開きます。その間が『水滸伝』の時代ということになりますね。

中華帝国の経済的文化的繁栄、庶民の生活水準の向上、そういったものが宋の時代に全部実現されます。たとえば、この時代に料理をつくるのに石炭などを広く使い始めました。石炭の火力というものは大きいですから、高い熱が出て、中華料理の種類とか味とかいうものは、この時代に飛躍的に増えたり向上したりしたといわれています。そして城内である限りは夜間通行もほぼ自由になって、いろんな矛盾や欠点はあるにしても、総体として見れば平和で繁栄した良い時代だったということがいえると思いますね。だからこそ、後世の民衆もその時代にスーパーヒーローを見いだして楽しんだわけです。

ちょっとルネサンス的な天才も現われます。沈活《しんかつ》という人で、官僚としては財政、外交、治水の各方面で一流の業績をあげたのですが、科学者としては化石や地層を研究して、時代によって地質や気象が変化するということを世界で最初に発見しました。レオナルド・ダ・ヴィンチより四百年も前のことです。

ところがその繁栄がいきなり打ち切られる事態になるわけですね。契丹族の遼《りょう》国が衰えたというあたりから話が始まるんですが、新興の金《きん》が現われます。

さきほども話しましたけど、宋は北方領土を回復しようとして遼にこてんぱんに負けて、それはあきらめざるを得なくなりました。ですから遼といちおう表面的には仲良くしていても、内心では恨みがあったわけで、遼のさらに北方に金が現われたときに、宋ではこの金と同盟を結んで、遼を挟撃してやろうと、そう考えた人たちがいたわけです。『水滸伝』の悪役の童貫《どうかん》という人たちですけどね。童貫は宦官ですが、たくましい大男で、濃くはないけどヒゲもはえていたといわれるほどエネルギッシュな人だったそうです。

一時はその国際戦略がうまくいって、挟撃作戦で、恨み重《かさ》なる遼を亡ぼすことができたわけです。ただ、宋軍は遼軍に負けっぱなしで、金軍がほとんど独力で遼に勝ってしまったというのがどうも真相のようですけど。

その後、今度は、すぐに宋と金との間がおかしくなるんですね。いちおう金は同盟を結んで、宋からいろいろとお礼をもらえるはずだったのに、宋はなんのかんのといって渡さないとか、わりと低次元のこともあったんですけど。要するに宋が新興の金と同盟を結んだのは、遼に奪われた北方領土を回復したいからでした。ところが現実に遼が亡びてみると、金軍は実力でその北方領土を自分のものにしたものですから、宋が返してくれといっても、何いってるんだと取りあわないわけです。で、宋のほうはまともに戦っても勝ち目はないということで、陰謀をめぐらしましてね。遼の残党をけしかけて金に対して叛乱を起こさせようとしたのです。ところが、それが金に察知されまして、金から見たら、とんでもない背信《はいしん》行為ですから、思い知らせてやるということで、進撃を始めました。

南宋・金時代
（1127年〜1279年）
金
高麗
開封
采石磯
臨安
南宋

まあ、その間にいろいろ政治的工作とか外交交渉とか調停とかあったんですけど、とにかく宋のやることなすことすべて裏目に出て、金はもう外交交渉なんかしていられない、実力で屈伏《くっぷく》させてやると、大挙して進軍を開始したわけなんです。それで一挙に宋の平和と繁栄は実にもろく崩れ去ってしまうのですね。そして、いろいろありましたけど、結局首都の開封《かいほう》を占拠されて、即位したばかりの欽宗《きんそう》皇帝とその父親で退位したばかりの徽宗《きそう》上皇、このふたりは捕虜になって遠い北方の荒野へ連行されてしまいます。これを「靖康《せいこう》の変」といって、一一二七年のことになります。

こうして朝廷はなくなってしまうし、官軍はまったくものの役に立たないというので、自然発生的に義勇軍が編成されました。黄河流域はことごとく金軍に占領されてしまいましたから、かろうじて逃げ出した人々というのは、だいたい八百年前に西晋《せいしん》が亡びたときのように、南へ南へと逃げ出して長江を渡っていきます。その中で、ようやく長江を渡って逃げるのに成功した欽宗の弟のひとりが即位して、これが高宗《こうそう》皇帝になるわけです。これで宋王朝は命脈《めいみゃく》を保ちますけど、歴史的にはこれを南宋といいます。で、都を杭州《こうしゅう》に置くことになりますね。

ですから黄河と長江の間というのは無政府状態になってしまっているわけですが、

その中でがんばったのが、七〇番の宗沢《そうたく》という人です。

この宗沢という人はもともと科挙《かきょ》に合格した文官ですね。それで、ずっとあちこちの知事なんかをやって、どこでも善政を布《し》いて民衆には慕われたんですが、ただどうも中央政府の受けがよくない。歳をとるまでたいした出世もしなかったのですが、この困難な状況の中で、開封留守《かいほうりゅうしゅ》という職につきました。要するに朝廷は高宗が即位して——朝廷は南に逃げてしまったわけだけど、その北のほうをまるっきり放棄するわけにもいきません。だからとりあえず、宗沢に全責任を押しつけて前線に行かせたわけですね。

金軍は徽宗上皇、欽宗皇帝たちを捕虜《ほりょ》にしていったん開封から引きあげたんだけど、

宗沢（そうたく）

一〇五九～一一二八。浙江省義烏出身。もともと文官でありながら、金によって北宋が滅び南宋が起こった時期に、軍事面で活躍した。使者として金に向かいながら北方に拉致されずにすんだ康王を救って南宋再建に寄与した。宗室南渡後は華北を守るとともに民衆政治にも意を用いて一大勢力を築き、金もこれを恐れたという。だが、主戦派で支持者が少ないうえに、その勢力を警戒した南宋政府から監視を受けるなど、功績に比して不遇であった。『宋史』巻三六〇宗沢伝。

宗沢はそこへ入って守ることになったんです。また金軍は引きかえしてきて開封を陥《お》とそうとする。それを宗沢はみごとに守りとおします。ただ開封を守りとおしただけではなくて、全国の義勇軍を集め、それを編成して黄河を渡って北方の失われた領土を回復しようともしました。ところがこの人は中央政府の受けはよくなかったけれど、民衆には人気があったし、義勇軍の将兵たちにも敬愛されていましたから、義勇軍がどんどん開封に集まって何十万という数になるわけです。宗沢はそれを編成して、いよいよ黄河を渡ろうとしましたが、勝手な行動はできないから朝廷から出兵の許可を得ようとするわけですね。それで使者を送るけど、ずっと南のほうに逃げていた高宗皇帝は、その使者を黙殺《もくさつ》して返事をよこしません。

というのは、高宗皇帝あたりから見ると、宗沢の勢力が強くなりすぎているわけです。何十万もの義勇軍を集めて、宗沢が自立したりしたらこまる。結局、そこにいってしまうんですけど。ですから宗沢が十回以上出兵の許可を求めるのをまったく無視しつづけます。宗沢が、朝廷に疑われているような野心家だったら、何も朝廷の許可なんて得る必要はないわけで、実力でもって勝手にやってしまえばいいはずです。だけどまじめな人だから、そんなことできないわけですよ。だから何度も使者を出しては無視されつづけます。そのうちに宗沢は老人でしたから、事態に絶望したこともあって、病の床についてしまいます。

そして、西暦でいうと一一二八年の七月ですが、病床で朦朧《もうろう》として、「黄河を渡れ！」と叫ぶんですね。そしてもう一度「黄河を渡れ！」と叫んで亡くなるんです。かぞえで七十歳ですね。これが中国史上では、諸葛孔明が五丈《ごじょうげん》原で死んだときに並ぶ名場面だといわれていますが、日本人は誰も知らないという、よくある例です。

そのとき宗沢の下に集まった義勇軍の中に、七一番の岳飛《がくひ》もいれば、七二番の韓世《かんせい》忠《ちゅう》もいたわけです。でも結局、宗沢が亡くなると、どうしようもなくなって、引きあげていきました。宋は黄河以北の領土を回復する機会を永遠に失います。

というわけで、七一番の岳飛《がくひ》。中国史上最高最大のナショナルヒーローが現われます。岳飛も当然、小説の主人公になっています。いちおう『岳飛伝』といういい方をしますけど、本来のタイトルは『説岳全伝《せつがくぜんでん》』となります。ていねいなのになると、『説岳全伝通俗演義』ということになりますけど、まあこれは『岳飛伝』と呼ばせてもらいましょう。

これは他の機会にもいったり書いたりしましたが、ぼくは中国、香港、台湾というあたりを旅行したときに、地元の人に必ず、中国の歴史上のヒーローは誰ですかと尋《き》くわけです。そうすると、百パーセント、岳飛ですという答えが返ってきます。そのあとは好みやお国自慢によって、台湾だと鄭成功《ていせいこう》の名がつづいたりしますけども。諸葛孔明なんて名前は、こちらから聞かない限り出てこないというのが実情でした。

中国から出ている「中国歴代名将撲克《トランプ》」というのがありまして、中国の歴史上の名将がトランプになっているわけですけど、最強の札であるジョーカーは岳飛なんですね。諸葛孔明はダイヤの7でした。ぼくはこれをハートの7だと思いこんでいて、そう書いたりもしましたけども、それは記憶ちがいで、ダイヤの7でした。まあ数字はちがっていないんで、お許し願いたいんですけどね。それくらい評価の差があります。宣伝になってしまって恐縮ですが、これから『岳飛伝』を田中芳樹が編訳しますので、何とか西暦二〇〇〇年には出るでしょう。お読みいただければありがたいんですけど。

岳飛という人は貧しい家に生まれまして——本来は貧しくない、おちぶれただけだという人もいますけど、とりあえず金持ちではなかったんですね。それで少年のころから武芸を学んで、武挙《ぶきょ》——武官試験ですけど、それに応じたり、山賊退治なんかをしていうちに、宗沢《そうたく》の呼びかけに応《こた》えて、義勇軍の一員として大混乱の中を開封へと出かけていきます。岳飛はまだそのころ二十五歳くらいですかね。それで宗沢に出会います。岳飛はまだまったく無名なんですが、宗沢は岳飛を見て、何か感じるところがあったらしくて、いろいろ兵法なんかを教えてやろうとするわけですね。ところが岳飛のほうはそれを断わってしまいます。いろいろ論理を学ぶよりも、臨機応変《りんきおうへん》にやることのほうが大切だと思います、なんていうのです。普通だったら生意気だと思

岳飛（がくひ）
一一〇三～一一四一年。北宋末から南宋初期にかけて活躍した。当時の武将は北宋滅亡期に私兵を抱えたものが大半で、文字を読めないものもおり、軍団は規律も悪く統制しがたかった。そのなかにあって岳飛は教養もあり、軍団の規律も整っていたので有名であった。背中に「尽忠報国」の文字を彫って力戦し、一時は開封を回復する勢いもみせた。その活躍は「満江紅」の詩とともに名高いが、金との和議を望む主和派の指導者秦檜にとって目障りとなり、誣告《ぶこく》されて獄死した。秦檜の死後名誉回復され、鄂王《がくおう》として祀《まつ》られ、西湖のほとりに墓と廟があり、詣でる人が絶えない。墓の前には秦檜など岳飛を罪に陥れた人々の銅像がぬかずくかたちで置いてあって、多くの人が叩いたり唾を吐きかけたりしている。岳飛は近世の多くの物語の主人公になり、中国の民族の英雄となっている。『宋史』巻三六五岳飛伝。

うところなんですけど、宗沢は感心して、彼を士官に任じたりするわけです。宗沢の死によって開封を離れてからは、岳飛は第一線の武将として、南下をつづける金軍との間に死闘を繰り返すことになります。

これもやっぱり中国で出ている歴代の名将の評伝なんかを見ますと、抗金名将《こうきんのめいしょう》という表現がしきりに出てきます。要するに金軍の侵略に対して抵抗をつづけた名将という意味ですね。これがいわば中国の民族的なヒーローたちなんですけど、それが七一番の岳飛であったり、七二番の韓世忠だったり、呉玠《ごかい》、呉璘《ごりん》、劉錡《りゅうき》と、こういった人たちだったりするわけです。当然ながら虚像と実像との落差というものはありますけど、中国に侵攻してきた北方民族と戦ったという点で、ヒーローとしての資格を満たしている、ということになりますね。まさしく怒濤《どとう》のごとく南下してきた金軍をくいとめ、中国人の領土とプライドとアイデンティティを守りとおしたわけですから。

そこで七二番の韓世忠《かんせいちゅう》について話しますと、この人も無名の兵士だったのですが、宋を揺るがした方臘《ほうろう》の乱というのがありました。この大叛乱のときに韓世忠は討伐軍に加わって、その叛乱の首領である方臘を捕らえるという大手柄《てがら》をたてるわけです。ところがその手柄を上官に横取りされてしまって、さっぱり恩賞がもらえない、という状況でした。

　この方臘の乱というのは『水滸伝』にも出てきます。で、方臘の叛乱軍がどのくらい強かったかというと、『水滸伝』に登場する梁山泊《りょうざんぱく》の義賊百八人が討伐軍に加わって、そのうち三分の二が、この戦いで陣没《じんぼつ》してしまうという、それくらい強かったんですね。で、『水滸伝』の中では方臘を捕らえるのは**花和尚《かおしょう》魯智深《ろちしん》**になっていて、韓世忠は歴史事実の上でもフィクションの上でも手柄を他人にとられてしまうという、

韓世忠（かんせいちゅう）
一〇八八～一一五一。陝西省延安出身。貧家に生まれたが、十八歳のときに応募して軍人となり頭角をあらわした。一一二七年に北宋が崩壊するやいち早く康王すなわち南宋初代の皇帝高宗のもとに駆けつけ、翌年の高宗南渡の後陣を守った。その後、一一二九年に浙江省に侵入した金の兀朮《ウジュ》の退路を脅かすなど活躍した。武勇にすぐれ、「万人の敵」と称される。揚子江以南の地域安定に力を注ぐとともに、一一三三年以降は五万の兵力とこれを支える豊富な財源と宣撫使《せんぶし》の地位を得て淮東《わいとう》方面に重きをなした。一一四一年、秦檜に兵権を奪われて隠退し、二度と兵事を語らなかったという。なお、妻の梁紅玉もまた夫の韓世忠とともに戦場を駆けめぐったことで知られる。『宋史』巻三六四韓世忠伝。

非常に不幸な目にあうわけです。

韓世忠はもともと西北辺境の出身者なんですけども、この方臘の乱のときに長江の下流、江南のほうに来まして、そこで梁紅玉《りょうこうぎょく》と出会います。リストを見ると括弧《かっこ》してありますね、妻は梁紅玉と。

梁紅玉という女性は、ある町で一番の芸者といわれた人で、美人で気風《きっぷ》が良くて、芸事も何でもできるという、そういう人ですね。それが韓世忠に惚《ほ》れこんで、一緒になります。出会ってすぐ一緒になるわけじゃなくて、韓世忠は、自分はいま地位の低い兵士だから、もうちょっと出世するまで待ってくれといったというんですけど、とにかく結婚する。結婚するとこの梁紅玉という女性は、これが文武兼備の人でして、韓世忠を助けて活躍するわけなんです。もちろん京劇にもなっていますし、『岳飛伝』にも出てきます。

この当時の軍隊というものは、とにかく官軍があてにならないものですから、だいたい義勇軍から発生しているんですね。で、義勇軍のリーダーというのが、そのまま部下を抱えこんで、いわば傭兵《ようへい》集団になるわけです。ですから初期の南宋軍というのは、そういう傭兵集団の連合体みたいなものでした。

ですから岳飛にしても韓世忠にしても、ただ軍を指揮するだけではだめなんで、軍団の二万とか三万とかいう兵士を養わなければならないんですね。そういうとき一番手っ取りばやいのは略奪なんで、他の将軍たちはもう、いろいろ略奪なんかをして部下を養っていたわけなんですけども、この抗金の名将といわれる人たちは、そういうことをしなかったんですね。岳飛にしても韓世忠にしても、略奪なんかはしなかった。ですから、後世、明の高青邱《こうせいきゅう》の詩などでも、このふたりは別格にあつかわれています。それで岳飛のもとにも韓世忠のもとにも個性的な将軍たちが集まりました。岳飛の軍団を岳家軍《がくかぐん》、韓世忠の軍団を韓家軍《かんかぐん》といいます。

さて、抗金の名将がいるとすると、金のほうはどうだということになります。攻めこんだ金のほうにも名将は何人かいましたけれども、代表的なのが七三番の宗弼《そうひつ》です。これはまあ漢名であって、本来の民族としての名前は兀朮《ウジュ》ということになります。四太子《たいし》とも呼ばれます。これは要するに金の太祖《たいそ》皇帝の第四王子ということですね。

なお、この人の兄に宗望《そうぼう》という人がいて、二太子と呼ばれます。神速の用兵をうたわれた勇将でしたが、若くして死にました。熱心な仏教信者で、気のやさしいところがあり、辺境で苦しい生活を送っている徽宗《きそう》や欽宗《きんそう》を帰国させてやろうとしましたが、その前に死んだといわれています。

こうして宗弼が軍をひきいて何度も攻めてくる、宋は決死の覚悟で迎え撃つという状態が何年もつづきます。で、宗弼という人は名将ではありましたけど、常に勝っていたというわけではありません。負けるときは実に派手《はで》に負けています。岳飛にも負けてますし、韓世忠にも負けて、呉玠《ごかい》にも負けてます。

だからそれだけ見てると負けっぱなしに思えるんですけど、金軍はひとりでやっている。宋軍は何人がかりだったというような状況ともいえます。歴史上有名な戦いというのが、この間に何度もあるんですけど。

たとえば、韓世忠と宗弼との戦いは「黄天蕩《こうてんとう》の戦い」と呼ばれております。あるとき宗弼が十万の大軍をひきいて、長江を越えて南下してきたわけですね。一挙に高宗皇帝を捕虜にして、南宋を亡ぼすつもりでした。高宗皇帝は風をくらって船に乗り、海上に逃げ出します。それで、捕らえそこねた宗弼は補給もつづかないことだし、いったん引きあげようとしました。その引きあげようとするところに韓世忠が攻撃をしかけるわけです。韓世忠は「万人の敵」と称される猛将でしたが、同時に「神機妙《しんきみょう》算《さん》」といわれる用兵の名人でもありました。

このとき韓世忠の軍は八千、これが十万の宗弼の軍に対し、四十日以上にわたって優勢に戦いを進めるのです。何度も戦いながら長江の辺《あた》りまで宗弼はやってきて、船に乗って河を渡ろうとしたんですが、その長江の水上で韓世忠の船団が殺到してきて、水上の激戦になるわけです。このときに、梁紅玉が船に乗って、太鼓《たいこ》を叩《たた》いて、その音で全軍を動かしたという名場面があります。これも京劇になってますし、映画なんかだと必ず出てきますね。

宗弼の軍は手ひどく痛めつけられて、長江を渡ることができずにまた引きかえすはめになります。

宗弼（そうひつ）

?～一一四八。金の宗室出身で女真名は兀朮《ウジュ》。宗弼は漢名。金の太祖の第四子で遼討伐に活躍し、以後その一生は宋との戦いに費やされ、一一二八年から一一三〇年までは高宗を追って江南を転戦している。その後も宋と戦いながら、入手した華北の経営や宋との外交交渉に努力した。金の華北経営は、直接支配に落ち着くまで傀儡《かいらい》政権をたてるなど紆余曲折《うよきょくせつ》があったが、宗弼は華北の軍事・民政を預る責任者として力を奮った。金最高の重臣かつ勇将として、宋はこれを恐れたという。『金史』巻七七宗弼伝。

ここで重要なポイントになるのが、その当時の宋の船のことですけど、長江を渡る船などは、外輪船《がいりんせん》なんです。船体の両側に外輪がついていて、船の内部で機械を動かす。それはもう、人力で轆轤《ろくろ》をまわしたりするわけですけども、そういう船があって――これは記録があるんですけど、平原を馬で突っ走るくらいのスピードで水上を動けたというんですよ。それで大きさからしても、四層も五層もあるような、それこそ数百トンもあるような巨大な船が、長江を行き来していたわけなんです。

宗弼は、その船を持っていました。もちろん、彼がつくったのではなくて、宋の国内にあるやつをかき集めたんですけどね。

一方、韓世忠のほうは、そういう外輪船を全部宗弼にとられてしまったものだから、帆船しかないんです。ですから、宗弼は追いつめられながら、時を待ちました。で、ある日風がぴたっとやんだ。それで韓世忠は帆船だけですから、動けないわけで、宗弼はそれを見すかして、それっとばかりに外輪船に乗って強行突破したわけですね。宗韓世忠のほうでは船が動かないから、とにかくしかたなく手漕《てこ》ぎであるていどまで近づいていって、また戦ったのですが、このときは、とにかく帆船が動けない。金軍の外輪船は自由に動けるというわけで、金軍のほうが圧倒的に有利になって、ついに強行突破に成功しました。これが「黄天蕩《こうてんとう》の戦い」です。

そして一方、呉玠《ごかい》と呉璘《ごりん》――これは兄弟なんですよね――彼らが宗弼を破ったのは和尚原《わしょうげん》の戦いといいます。これはおおざっぱにいうと、殺到して来る金の大軍を山間部に引き入れ、一本道を行かせる。それを四方の崖の上から攻撃して分断しておいて、谷底に追い落とすという、そういう感じの戦いでした。このときも、宗弼はさんざんに負けて逃げ出すわけですけども、そのとき宋軍に追いつめられたもので、髭《ひげ》を切って容貌を変えて逃《のが》れたという話があります。これが『三国志演義』に流用されて、曹操《そうそう》が馬超《ばちょう》に追われたときに髭を切って逃げるという話になっております。

その間にも、岳飛《がくひ》は着々と武勲をたてて、一度は開封《かいほう》の都を奪回する寸前までいったんですけど、結局それは失敗しました。でまあ、その武勲が韓世忠《かんせいちゅう》や呉玠を上回るほどめざましいものでしたから、高宗皇帝自《みずか》ら「精忠《せいちゅう》岳飛」と書いた軍旗を岳飛に与えています。

岳飛という人は、背中に刺青《ほりもの》をしていましてね、その刺青は「尽忠報国《じんちゅうほうこく》」という四文字でした。これは、現代の感覚からすると右翼っぽいんですけど、八百年以上昔のことですからね。『岳飛伝』なんかによりますと、この尽忠報国という刺青は、母親の手で彫られたという話になっています。その当時、たとえば『水滸伝』のヒーローたちも、けっこう刺青をしている人が多くて、刺青をするということ自体は、はやりといえばはやりだったんですね。

というわけで、こういう抗金の英雄たちが奮戦したおかげで、金も中国全土を征服することはできない。かなり戦線が膠着《こうちゃく》状態になったところで現われるのが秦檜《しんかい》です。

この人は中国史上最大の悪役ですね。当然『岳飛伝』でも悪役ですが――宗弼《そうひつ》も『岳飛伝』では敵役《かたきやく》ではあるのです。ただし、敵ながらあっぱれという描かれ方をしていまして、よく負けはするんですけど、たとえばみごとな働きをした敵将の遺児を宗弼が自分の手で育てるとか、そういう話もありますね。ところが秦檜のほうは、これはもう徹底して救いようのない悪役に描かれています。まあ、ある意味では、最初から敵として存在する人よりも、裏切り者のほうが憎まれるものではありますね。

この秦檜という人は、最初捕虜になって金国に抑留されてたんですけど、そのうち家族から使用人までつれて帰ってきました。捕虜になってたんだけれども見張りの金の兵士を殺して逃げてきたんだ、と主張したのです。でもそのわりには使用人までつれてくるか、ということで最初から疑いの目で見られてはいたんです。あいつは金のスパイじゃないか、と。

ただし非常に有能な人ではありましたから、たちまち高宗皇帝のお気に入りになって、そこで和平論を唱えはじめました。つまり、金が攻めてくる、それに抵抗して宋軍も善戦してはいるのですが、永遠に戦いをつづけるわけにはいかないし、一挙に北上して全国土を回復するというわけにもいかない、もう和平したほうがいい、ということですね。それはそれでもっともな主張ではあります。実際の話、財政的にもかなり苦しい状態でしたから、和平したほうが良いというのは、けっしてまちがった意見ではありません。

ついに秦檜は朝廷の実権を握って、和平策を推進することになるんですが、当然反対派がいるわけですね。岳飛《がくひ》がその急先鋒でした。

とにかく秦檜が金を相手に和平交渉をするためには、岳飛を取りのぞくしかないということになったわけで、岳飛が謀反《むほん》をたくらんでいるという罪をでっちあげて、投獄して、拷問のあげくに殺してしまうんです。岳飛は拷問に耐え抜いて自白などしなかったのですが、自白しろといって筆を押しつけられると、壁に「天日昭昭《てんじつしょうしょう》」と書いた、という話があります。要するに、自分が無実であることは天が知っていると、そういう感じの意味になりますけど。

とうとう秦檜は部下に命じて、岳飛を獄中で殺します。絞《し》め殺したんだといわれています。毒殺説もありますけどね。そして岳飛の軍を解体して、岳飛の養子とか腹心《ふくしん》なんかもついでに殺してしまいました。

そのとき、秦檜の権力というものは絶大なものになっていて、誰も逆らえなかったのです。ただひとり韓世忠《かんせいちゅう》が、怒って秦檜のもとに乗りこみ、岳飛が謀反をたくらんだというけどそんな証拠があるのか、と詰めよったんですね。

秦檜は最初のうちいろいろと弁解してたんだけど、追いつめられて答弁できなくなり、最後に「莫須有《ばくすゆう》」といいました。全然なかったとはいえない、もしかしたらあったかもしれない、という意味ですね。

だから韓世忠がさらに怒って、証拠もないのに、もしかしたらあったかもしれないというだけで岳飛を殺したのか、といったんですけども、これはもうそれ以上、どうしようもなかったんですね。そのとき高宗皇帝は見て見ぬふりをしていたわけで、韓世忠もすっかり嫌気がさして引退してしまうわけですけど。

引退したのち、韓世忠は都の杭州《こうしゅう》の近く、西湖《さいこ》のほとりに小さな家を建てて移りまして、そこで晩年を過ごします。従者に酒の壺《つぼ》を持たせて、釣竿《つりざお》を持って出かけていって、一日じゅう釣りをしていたそうです。お客が訪ねて来たら会ったけれども、軍事の話はいっさいしなかったといわれていますね。ただその西湖のほとりに建った小さな家の名前が翠微《すいび》亭《てい》といいます。かつて岳飛が、翠微という土地の風景が美しいということをいっていたので、それからとって命名したといわれています。ですから、そこらあたりに、韓世忠の心情というものが表われているような気がしますね。

そうやって、岳飛を殺して秦檜は金との和平を成立させたわけです。和平の条件としては、宋は金に対して臣と称する。そして毎年多額の銀を、いわば講和料として支払う、さらに国境地帯の領土も割譲《かつじょう》するという内容でした。

さっき地名が出ました和尚《わしょう》原《げん》なんかは宋軍が実力で確保していた土地なんですが、そこも金軍に譲り渡してしまったのです。ですから当然、和平に対する反対論というのはありましたが、まず岳飛が殺されて、他の反対派はことごとく追放されたり牢に放りこまれたりしたわけですね。そして秦檜は和平の功労者ということで位《くらい》人臣《じんしん》をきわめ、それ以後ほとんど皇帝を飾り物にして実権を揮《ふる》うことになります。

結局、秦檜《しんかい》は、トータルで見てみると、どうしても和平を利用して自分の地位を固めたとしか見えないところがあります。とにかくこの和平によって秦檜は何ひとつ失っておりません。たとえば金の捕虜になって北方につれ去られていた欽宗《きんそう》皇帝なんかは、もうそのままずっと幽閉《ゆうへい》されて死ぬわけです。岳飛なんかは無実の罪で殺されてしまいます。そういう犠牲《ぎせい》の上に和平が成り立ったわけですけど、秦檜自身は何を失ったかというと、何も失っていない。得るものばかりでした。

ですからぼくがそのあたりの時代を小説に書いたときに（註・『紅塵《こうじん》』）、秦檜という人は祖国のために涙をのんで悪役を引き受けた自己犠牲的な人物だった、という解釈ができるかどうか、ずいぶん検討してみましたけど、まったく無理でした。むしろ凡人からは想像もできないほどのエゴイズムの権化と見たほうが、凄みが出てくるのではないでしょうか。歴史上の人物をすべて等身大でとらえるのは無理だと思います。

のちに岳飛の名誉が回復されたあとに、岳飛の廟《びょう》の前に秦檜の像がつくられます。それが鎖で縛られて、岳飛をお参りにきた人はそれに唾《つば》を吐きかけるという、そういう目にあうわけです。

とにかくそれで、平和にはなったので、宋は経済開発に勤《いそ》しむことになりました。

高宗皇帝自身が詔《みことのり》を出して、海上貿易を盛んにせよ、みたいなことをいっています。それで商業も農業も発展して、豊かな国になったわけで、その点では秦檜の和平策というのは、政策としてはまちがっていなかったと思われます。ただし、政策以前に問題になるのが、無実の人間に謀反《むほん》の汚名を着せて殺してもいいのか、ということですね。政策さえ正しければ無実の人間を殺すくらいささいなことだ、という見方もできるでしょうけど、これは当の秦檜でさえ、そういうことは口にしていないですからね。彼は反対派を弾圧したり暗殺したりしましたが、さらに歴史書を改竄《かいざん》もしております。自分がやったことの意味を知っていたからこそ、隠そうとしたわけです。講和成立の後に、南宋へやってきた金国の使者が、よくぞわが国のために貴国のたいせつな将軍を殺してくださったものですな、と皮肉をいっていますね。金国から見てさえ異常なことだったのです。

岳飛は、殺されたときまだ三十代でした。悲劇的な最期、そして現実に岳飛が殺されたことによって和平が成立した。もたらされた平和というのは岳飛の血によって購《あがな》われたものだ、というようなことは誰でも感じているわけです。あとはもう、だんだん時が経《た》つにつれて、ナショナリズムの象徴として、その像がふくらんでいったということはあるでしょう。名将の条件として、部下をかわいがった、民衆に害を与えなかったという点もクリアーしているわけですし。そしてまた実際に用兵の名人でもありました。ですから、日本史でいうと源義経と真田幸村をミックスしたような悲劇のヒーローでもあるんですよね。

日本でも、だいたい昔から岳飛というのは、あっぱれ忠臣である、忠義の名将であると誉《ほ》められていました。ですが日中戦争が始まると、岳飛というのはいわば外国からの侵略に対する抵抗のシンボルですから、日本にとってはつごうが悪くなって、岳飛の悪口をいうようになりますね。それで、その当時の外務省のお役人が、「支那は秦檜に学べ」なんてタイトルで論文を書くわけです。要するに日本と和平を結べといっているわけですね。ただこれが根本的にまちがっているのは、秦檜という人は、無実の人間を殺して国を売って、自分ひとり栄耀栄華《えいようえいが》をきわめた極悪人ということになっていますから、そのとき中国側に日本と和平しようと考えていた人がいたとしても、秦檜に学べ、といわれたら絶対に応じるわけにいかないんですね。だから、そのていどのことも、日本の政府はわきまえていなかったということです。つまるところ、まじめに和平しようなんて考えていなかった、といわれてもしようがないですね。

さて、南宋はとにかく豊かな江南を確保していましたから、いったん和平が成立すると、急激に経済的な発展が進みます。

宗弼《そうひつ》のほうは、金の最有力の皇族として、その後の政治、軍事を指導しますけども、こちらのほうは平穏に死ぬ——というのも変だけど、そういう感じですね。

そしてその後、二十年ほどは両国家に平和がつづくんです。有名な『白蛇伝《はくじゃでん》』なんかは、そのころを舞台にしたお話ですね。平和な時代になって、杭州《こうしゅう》の都がどんどん繁栄していくという、そういう時代です。

それが二十年くらいつづいた後で、和平が破れます。金のほうでも、いろいろ内部抗争などがありまして、皇帝が殺される、そして新しく立った皇帝がまた暴君で、これが歴史的には海陵《かいりょう》王《おう》と呼ばれる人です。才能は豊かでしたが自制心がとぼしく、南方の文化にあこがれていました。この人が六十万の大軍を自《みずか》らひきいて、宋を亡ぼそうと南下してくるわけです。そこで、長江を突破されたら終わりだというので、長江の南岸に宋軍も二十万の兵をかき集めて対抗します。十八万だったかな？　とにかく、ずっと少ないんですけどね。

このとき、指揮をとって金軍を撃退して国を救ったのが、七四番の虞《ぐ》允文《いんぶん》という人です。もともと文官でした。

虞允文が指揮をとったときに、宋軍の前衛部隊はいったん敗れて、長江の北に展開していたのが引きあげてくるわけです。それでまだ援軍が着いていないという状況だったんですけど、そのとき虞允文が指揮をとって、まず金軍の第一波が長江を渡って押し寄せてきたのを、激戦の末に撃退します。その後、金の水軍が大船団で南下しようとしてきたのを、海上で迎え撃ち、火攻めでもって撃破する。このとき宋軍は、世界史上ではじめて火器を使用したといわれます。

何度かの戦闘で金軍を防いでいるうちに、金のほうでは内紛がおこります。海陵王という人が暴君で、とにかく財政もわきまえずに贅沢《ぜいたく》をする、いさめる者は殺す、殺したあげくにその妻を奪って自分の後宮に入れてしまう、といったようなことをずっとつづけてきていたものですから、大軍をひきいて南下した留守に北方で叛乱が起きるわけですね。そして新しい皇帝が即位する。それを知ってもまだ海陵王は遠征をつづけようとするものですから、たまりかねた部下たちがクーデターを起こして、この海陵王を殺してしまいました。そしてその後、金軍は引きあげていくわけで、宋は国家の危機を救われるわけです。

海陵王（かいりょうおう）
一一二二〜一一六一。姓名は完顔亮《かんがんりょう》。金第四代皇帝。皇族出身で、従弟の三代皇帝熙《き》宗《そう》の宰相であったが、熙宗が酒に溺れて精神衰弱に陥っていたのを好機としてクーデターを起こし、皇帝となった。当時の金は漢化しつつあったが、とりわけて中国文化に心酔《しんすい》し、金を中国的王朝につくり替えて中央集権国家とすることを理想としたのでも有名。さらに南下して南宋をほろぼし、中国を統一しようとした。だが采石磯の戦いで敗れ、また、後背地では契丹人の叛乱も起きた。結局、揚州で叛乱軍に殺され、第五代皇帝世宗によって海陵王とされ、さらに庶人に落とされた。身持ちが悪く、海陵王の荒淫として知られる。『金史』巻五海陵紀。

虞允文（ぐいんぶん）
?〜一一七四。隆州仁寿（四川省仁寿県）出身。一一五三年に進士に及第し、地方官を歴任したが、秦檜の没後、中央政界に登用された。彼の名を高めたのは海陵王の南下のときで、早くからこのことを憂えていた虞允文は対処に怠りなく、采石磯の戦いで大いに金軍を破った。このため海陵王は殺され、宋・金間の和議が成立する。さらに陝西省の回復を唱えるなど対金強行策を論じたが、受け入れられず左遷された。しかし兵制の改革を行なうとともに南宋を支えた官僚を多く推薦するなど、人事にも公平であった。『宋史』巻三八三虞允文伝。

この虞允文が指揮して金軍を撃退した戦いを采石磯《さいせきき》の戦いといいます。歴史上の「南北大戦」の中でも特に有名な戦いです。

虞允文という人はその後いろいろありましたけど、最後には左丞《さじょう》相《しょう》兼枢密使《すうみつし》になって宋の国家戦略の最高責任者になりました。この人の下で、いろんな人材が活躍することになります――韓世忠《かんせいちゅう》の息子なんかもね。韓世忠の息子も、もともと文官ですが、岳飛の財産が悪い役人なんかに横領されてなくなっていたのを、きちんと調べて取りもどし、銅銭一枚も欠けることなく岳飛の遺族に返還したという、ちょっといい話があります。

この時期、金の領土内でレジスタンスをしていた武将とか、いろいろおもしろい人がいます。

金の領土内でレジスタンスをしていたのは、魏勝《ぎしょう》という人です。この人は新兵器つくりの才能があった人で、猛獣の形をした戦車とか、火矢とか、いろいろなものを発明して、奮戦しています。

それからもうひとり、さきほど抗金の名将のひとりにあげました劉錡《りゅうき》という人ですね。この人は、抗金の名将の生き残りで、采石磯の戦いのときにはすっかり歳をとっています。この人はちょっと戦略的に撤退したのを逃げ出したと非難されて、後方に追いやられているという不運があったんですけども、引きあげるときに、役所の壁に黒々と「完顔亮《かんがんりょう》 於此死《ここにしす》」、この六つの文字を大書しました。完顔亮というのは、海陵王の本名ですね。それで海陵王がここまで軍を進めてきますと、こういう不吉なことが書いてありますので、怒って役所の壁を全部墨で塗り潰《つぶ》させたんですけども、結局、海陵王はそこでクーデターにあって死んでしまいます。劉錡の予言が的中した、と、人々が感心したといわれます。

さらに、この時代の武将で言及しておきたいのは、**李顕忠**《りけんちゅう》という人ですね。この李顕忠は数奇な運命の人で、もともと宋の人ではあるんですけども、自分の出身地が金軍に占領されてしまったものですから、しかたなく一時、金につかえてたんです。だけど、どうしても宋に帰順したくて、一族しめしあわせて脱出しようとしたんですけど、そのことがバレてしまい、一族は皆殺しされてしまいました。それで、自分はわずかな部下とともにようやく脱出しましたが、宋に行く道を全部ふさがれているものですから、しかたなく西に行って、西夏《せいか》に投じるわけですね。それで、西夏の将軍になって、わずかな部下をひきいて五万の敵を撃ち破るというような武勲をあげました。

そのうち西夏と金の仲が悪くなります。李顕忠が金を攻めて、ある城を陥《お》としたときに、そこには自分の一族を皆殺しにした相手がいたものですから、それを斬って仇《かたき》をとりました。一族の仇もとったから、いよいよ宋に行こうとしたら、今度は西夏軍が、そういうのは裏切りだといって攻めてきたわけですね。味方は三百人しかいないのに向こうは二万が来たんですけど、これを蹴散らして、とうとう宋に帰順しました。このときも援軍としてやってきた金の将軍を一撃で斬り殺しているという、なかなかすごい人です。ですからこの人は、結局宋から金、西夏、また宋という具合に、何カ国にもつかえているんですけれど、心は常に宋にあったということで、顕忠という名を皇帝から賜《たまわ》ったんですね。本名はちがうんです。

ですから捜していくと、こういう小説の主人公になりそうな人は、いくらでも出てくるんですよ。

西暦の一一六一年に虞允文《ぐいんぶん》が采石磯の戦いで金軍を撃退しました。その翌年、一一六二年に金からひとりの若者が脱出してきて宋に帰順しました。辛棄疾《しんきしつ》といいます。棄疾という名は霍去病《かくきょへい》の去病という名と同じですね。病気を遠ざける、ということです。地方まわりの役人をしながら、金に対抗する軍隊の育成につとめ、「湖南飛虎軍《こなんひこぐん》」と呼ばれる勇猛な義勇軍をつくったことで有名で、また優れた詩人としても知られます。

その後は宋と金は和約を結んで平和共存の状態になります。現在の地図で見てみると、中華人民共和国の北半分を金、南半分を宋、という感じになっていますね。ある意味で宋は、金に北方の脅威を防いでもらって、もっぱら経済発展に勤《いそ》しむことができたといえるでしょう。その結果、だいたい七十年くらい宋はずっと平和を保つわけですね。その間の繁栄というのはすごいもので、首都杭州の人口は百五十万に達し、アラビア、ペルシャ、インド、日本などから来た商船が港にあふれ、世界で最も富み栄えた国際都市でした。

一方、金のほうはそうはいきませんでした。北方にモンゴルが興《おこ》ったからです。気象学者で、歴史上の気候の変化なんかを専門に調べている方のご意見によりますと、十三世紀になって、だいたい地球が寒冷化した結果、モンゴル平原は不毛の地となりつつあって、それまでは分裂してそれぞれ部族ごとに好き勝手やってたモンゴルも、統一しないとやっていけなくなったというような話もあります。まあ、いろんな条件があったとは思うんですけど、鉄木真《テムジン》という人が現われまして、この人がモンゴルを統一して成吉思汗《チンギスハーン》になるわけですね。

ここで、すごい余談になってしまいますが、昔から日本では根強く、チンギス汗は源義経であるという説がささやかれています。はっきりいいましてそれは妄説《もうせつ》の類《たぐい》で、信じるにはおよびません。だいたいチンギス汗という人は、家系もはっきりわかってます。まあ遊牧民族の常として、生まれ年ははっきりしないことが多いんですけど、父親の名前も母親の名前もはっきりわかっていますね。

源義経がチンギス汗になったという説は、日本が大陸に踏みこんでいく歴史にからまって、いろいろいわれてきているんですが、根底にあるのは、「モンゴル人なんかに世界を征服できるはずがない。そんな偉業《いぎょう》ができるのは日本人だ」という安っぽい考えです。だけど今いいましたように、チンギス汗というのは家系がしっかりしていて、父親の名も母親の名もはっきりわかっている。兄弟たちの名もみなわかっていて、義経がまぎれこむ隙間はないんですね。それから、第二に、義経の戦法とチンギス汗の戦法というのは、まったくちがいます。これは上巻でもいいましたけど、要するに騎馬集団戦法というものと、義経の戦法は無縁でしたね。

それから、チンギス汗は義経であるという説を唱える人によると、チンギス汗は笹《ささ》竜胆《りんどう》の紋を旗印にしていて、これは源氏の旗印と同じであるというわけなんですけども、これについては海音寺《かいおんじ》潮《ちょう》五郎《ごろう》さんが明快にノーをいっておられます。つまり、笹竜胆の紋というのは、源氏にもいくつか流派がありますけども、村上天皇から分かれた村上源氏の紋なんですね。義経のほうは清和《せいわ》天皇から分かれた清和源氏の流派ですから、清和源氏の義経が、何が悲しうて村上源氏の旗印をつけなきゃならんのかということで、ずっと明快な証拠をあげて、そういうことは絶対にありえないのだと論証されています。でも、そういう具合に論証をした説というのは、世に流布しないいんですよね。困ったことに。

それと、一番笑ってしまうのが、オカルト雑誌なんかにある説ですけども、チンギス汗が人と会話したときに、その会話を記録させるのに漢字を使ったということですね。これが、チンギス汗は義経であると信じている人たちによると、チンギス汗はモンゴル人なのに、なぜモンゴルの文字を使わなかったのか、それは彼が日本人だからである、ということになるんですよ。チンギス汗はモンゴルの貴族なのでモンゴル文字が読めなかったはずはないというんですけど、チンギス汗が貴族だろうと庶民だろうと、その当時モンゴル文字が読めるはずはないんです。だいたい、そのころモンゴルに文字はなかったんですから。会話を記録するには漢字かウイグル文字を使うしかないわけです。で、チンギス汗の孫のフビライ汗のときに、これじゃまずいというのでパスパ文字というのをつくるわけですね。これは世界史の教科書には必ず出てきます。ですから、そういう異説を唱えるときは、せめて世界史の教科書ぐらいは読んでからにしてもらいたいですけどね。

チンギス汗については、中国の歴史ではなくてモンゴルの歴史だと思うので、これ以上ははぶきます。

さて、モンゴルは南下して、金を亡ぼす勢いになるんですけども、それはチンギス汗の息子の窩闊台汗《オゴタイハーン》のときの話ですね。そしてモンゴルのほうでは、今度は宋と挟撃して金を亡ぼそうという計画をたてました。一世紀前には、宋は金と協同して遼《りょう》を亡ぼしたわけですね。その後、金に圧迫される結果になってしまいます。そして今度は、モンゴルと協同して金を攻め亡ぼすことになったわけです。そしてその結果、またモンゴルに圧迫されるはめになったということで、どうもね、このへんは、後世から見ると、もう少し何とかならなかったものかなあ、と思います。

金のほうは宋に使者を出して、そのことを指摘するわけです。「百年前のことを思い出せ。いま我が国と宋は和約を結んで平和共存しているのに、これで我が国を亡ぼしたら、今度は直接、宋がモンゴルの脅威を受けることになるぞ」といったのですが、宋は聞かなかった。非常にこのときは復讐の気持ちが強くて、モンゴルと協同して金を亡ぼす、という計画に走ったわけです。

それで金は両国に挟撃されて亡びてしまうのですが、その金が亡びるときに現われた将軍が、七六番の**完顔陳和尚**《かんがんちんわしょう》という人でした。

この人が若いころの状況を見てみますと、モンゴルは強くなっている。金は衰《おとろ》えているという状況で、モンゴルは人口の絶対数が少ないですから、金に侵攻したとき

完顔陳和尚（かんがんちんわしょう）

一一九二～一二三二。金の武将。一二一六年まで蒙古に捕らえられていたが、帰国して官となった。地方に赴任したが誤って獄に落とされ、翌年哀宗《あいそう》によって許された。一二二八年蒙古軍が侵入したときに四百騎で八千騎の敵を破り、大いに気勢をあげた。ついで倒回谷や衛州の戦いで勝利したが、金滅亡の大勢を覆すことはできず、一二三二年に三峰山の戦いで敗れた。『金史』巻一二三完顔陳和尚伝。

に、人をさらっていくわけですね。家族ぐるみ拉致《らち》して、それでいろいろと、特に手工業とか、あるいは事務とか、いろんな仕事をさせるのです。で、完顔陳和尚も子供のころ家族もろとも拉致されてしまい、モンゴルに住んでおりました。だけどやっぱり、母親が歳をとって故郷《くに》に帰りたいというので、ある日、母親を荷車に乗せて、その荷車を曳《ひ》いて逃げ出したわけですね。それこそ、途中で追跡を受けて、それを避けたりなんかしながら、何百キロも歩いて、ようやく金にもどることができたのです。

そして軍隊に入って、以後モンゴル軍と戦うようになりますが、この人は三度にわたって騎兵をひきいてモンゴル軍と戦って、勝つわけです。そもそも金は建国のときはたいそう強かったんですけども、宋と和約して以降、あっという間に弱くなりました。

清の趙翼《ちょうよく》の『二十二史劄記《さつき》』というのがあります。要するに各王朝の正史を読んで評論した本なんですが、その中に、「金の兵、強弱《きょうじゃく》同じからず」という、そういう一章を設けています。金という国は建国したときにはたいそう強かったけれども、亡びるときはからきし弱かったと、わざわざ一章を立てていっているわけですが、実際弱くなっていて、モンゴル軍に負けっぱなしだったのです。そうしたらこの完顔陳和尚が、わずか四百の騎兵で八千騎のモンゴル軍に勝った、もう何十年ぶりのことだと大評判になった、ということが正史に載《の》っています。

だけど、もう金とモンゴルの国力差が圧倒的なものになって、完顔陳和尚ひとりがいくらがんばっても勝てなくなりました。そして、鈞州《きんしゅう》という城が陥《お》ちて、モンゴル軍が乱入してきたときに、完顔陳和尚は、これから大混乱が始まるぞという寸前に抗戦をやめまして、一軒の家に隠れてしまうんです。

これが命惜しさに隠れてたわけではないんですね。大混乱が収まって、完全にモンゴル軍の治安が確立してから出ていくんです。それでモンゴル軍の司令官のところに行き、「自分は完顔陳和尚という者だ、三度にわたってお前らに勝ったのはおれだ」といって、名乗り出たのです。それで、モンゴル軍の司令官――これが、『金史』には名前が書いてない。スブタイかなと思うんですけど、精密に照らしあわせていないので、正確なところはわかりません――が、何で出てきたのかと尋ねたら、「乱軍の中で名もない兵士に殺されてはつまらんから出てきたんで、生命を惜しんだわけではない、さあ殺せ」というのです。それでモンゴル軍の司令官は、「お前が完顔陳和尚なら、降伏すれば助けてやる」といいました。モンゴルにつかえろと勧《すす》めたんですけれど、完顔陳和尚は嫌だという。じゃあ少し痛い目にあわせてやろうというわけで、両脚の骨をへし折ってしまいます。それで、どうだ、降伏する気になったかといったけど、嫌だといって、結局殺されてしまいました。

この人が、金の滅亡のときを代表する勇将です。その最期を見ると、何とか逃げられなかったものかなという気もするんですけども、まあ、生命より名を惜しんだ人だったということですね。

ちょっと順序が前後逆になりますけども、そのとき、金を亡ぼした際の戦いで宋軍の司令官になったのが孟珙《もうきょう》という人です。陳舜臣先生が高く評価しておられる名将ですね。そのときの孟珙の戦いぶりというのは、モンゴル軍も感心させるほど勇敢で巧妙なものだったといわれています。

ですがその後すぐに宋とモンゴルの盟約というのは破れて、たちまちモンゴルが北方の脅威となって宋を圧迫してくるわけですね。ですから孟珙はいわば北部方面軍司令官になって、その後しばらくモンゴル軍との戦いというのは、この人がひとりでやっていたようなものですね。その後十年間くらいですけども。

金が亡びたときに、金の統治下にあった漢人たちが、ぞくぞく宋のほうにやってきます。そのころモンゴル軍というのは、ずいぶん野蛮な軍隊で、農民なんか苛《いじ》められっぱなしでしたから、たまりかねて宋のほうに逃げてくるわけですけれど、そういう人に土地を与えて開拓させて、落ち着かせるというような処置もとりました。

孟珙という人は、日本でいうと上杉謙信風のところがある人でした。非常に仏教に通じてるし、易《えき》にも通じていたということです。軍を動かすときにはまず香を焚《た》いたといわれています。

あと、これは明治時代に日本で出た『通俗宋元軍談《つうぞくそうげんぐんだん》』という本がありまして、その中でも、「孟珙《もうきょう》、衰宋《すいそう》にありと雖《いえど》も、忠義・兵略、岳飛《がくひ》に劣らず」と、非常に高い評

孟珙（もうきょう）

?～一二四六。襄陽棗陽《そうよう》（湖北省棗陽県）出身。代々武将の家に生まれ、父の残した忠順軍《ちゅうじゅんぐん》をひきいて荊襄方面で活躍したが、これは一面で南宋の武将がひきいる軍が私兵化していた事実も示す。その顕著な例が四川を支配した呉氏一族で、建国以来四代にわたって四川の軍権を握っている。孟珙は蒙古とともに金を攻撃して勇名を轟かせ、また、戦乱を避けて南下してきた中原の人々を加えて部隊を増強した。増大した軍団を維持するために兵・民の屯田を行ない、経済的な地盤を確保した。仏教に関心があったという。『宋史』巻四一二孟珙伝。

価をされています。

実際、機略縦横《きりゃくじゅうおう》という感じで、水軍をひきいても陸軍をひきいてもモンゴルに常に勝つ。モンゴルとしては孟珙がいる間は国境を突破できないというような状況でした。江陵《こうりょう》の戦いと呼ばれる会戦のときには、モンゴル軍の陣営は陸上にあり、そこへ夜、水上から近づいていって奇襲をかけます。モンゴル軍には二十四の砦《とりで》があったけど、一夜にしてこれをことごとく攻め陥《お》とすという、実に派手な活躍をしております。その後、黄州《こうしゅう》の戦いというのがありまして、この黄州の城というのがモンゴルの大軍に囲まれたときには、わずかな兵をひきいて、自ら槍を振るってモンゴル軍の重囲《じゅうい》を突破して城を救う、というようなあざやかな戦いぶりでした。

ですから、この人がいた間は、モンゴル軍はなかなか南下ができなかった。むしろ圧倒されているほどで、よく「宋朝弱兵《そうちょうじゃくへい》」などというい方をしますが、このときはちがいますね。結局、世界最強のモンゴル軍が宋を亡ぼすのに四十年もかかっています。

孟珙が亡くなったのが一二四六年のことで、その後、宋軍の柱となったのは趙葵《ちょうき》という人でした。父の趙方《ちょうほう》、兄の趙范《ちょうはん》、いずれも北方防衛の名将として知られます。

趙方はもともと科挙《かきょ》に合格した文官ですが、息子の趙葵は右丞相《うじょうしょう》にまでなりながら、自分は読書人ではないからといって、一年でやめてしまったそうです。

一二五七年に至ってモンケ汗《ハーン》が、いよいよ本気で宋を征服する軍を起こします。ですがこのモンケ汗という人も、出征中に病気で亡くなって、これでいよいよフビライ汗《ハーン》の出番になります。モンケ汗は四川《しせん》で死んだのですが、四川の要害である釣魚城《ちょうぎょ》を攻囲して、陥《おと》せないままでした。釣魚城を守っていたのは張珏《ちょうかく》という人で、じつに十九年にわたってモンゴル軍を撃退しつづけています。守城《しゅじょう》の名将として、先にのべました唐の張巡《ちょうじゅん》と並び称されている人です。

フビライ汗の即位というのは、モンゴルの総意とは必ずしもいえないので、どちらかというと他に方法がないという感じで、勝手に汗を名乗ってしまったというのがどうも実情のようですね。まあ、フビライ汗という人は、モンゴルの中では非常に中国文化に対して理解があった人で、モンゴルの保守派からは、中国かぶれでモンゴルの伝統を崩そうとしている、というので評判がよくなかったんですよ。逆にいうと、モンゴルの占領下にある漢人からは、非常に期待されていたわけです。

一二六〇年にフビライ汗が即位し、一二七一年には国号を元と改めて、ここに元の世祖《せいそ》フビライ皇帝が誕生します。世祖というのはもちろん、死後の呼び名です。このときフビライの顧問として、国家制度をととのえたり戦略をたてたりした有名なお坊さんが、「黒衣の宰相」劉秉忠《りゅうへいちゅう》です。

これからいよいよ宋は元のために圧迫されて、滅亡への道を進むわけですが、その間に一二七四年には、モンゴルは日本を攻めますね。元寇《げんこう》です。

この元寇についてちょっといっておきますと、だいたいこれには昔から極端なふたつの見方がありました。ひとつは、戦前の見方で、暴虐《ぼうぎゃく》無残《むざん》なモンゴルが攻めてきたのを、日本は北条時宗を代表とするあっぱれ鎌倉武士が神風の助けを受けて打ち砕いた、という見方です。

戦後になりますと、むしろ一変しまして、フビライ汗はそんなに無茶なことをいってきたわけじゃないんだから仲良くしてればいいものを、北条時宗の阿呆《あほう》が、外交というものを知らずに使者を斬ったりしたから、むだな血を流すことになった、というような見方になりましたね。

この前もNHKの番組でやっていたような記憶があります。ちょっとぼくはまだ最終的に考えがまとまったわけではないんですけども、あれはもう日本にとってやむを得ざることではなかったかという気がします。確かにフビライ汗は、仲良くしようといってきたくらいのことなんですが、それを受け入れて、はい、仲良くしましょうといったらそれで平和が訪れたかというと、必ずしもそうとはいえないと思うんですよね。

だいたい、何でフビライ汗が日本と仲良くしようと思ったかというと、日本はもともと宋との関係が非常に良かったのです。正式な外交というものはなかったんですけども、文化的経済的に密接に結びついていましたね。平清盛《たいらのきよもり》の政権なんかは、宋とのつながりがなければ維持できないくらいに、密接な関係を持っていました。それに、宋からたくさんの学者やお坊さんが日本に来ていたということもあります。ですからフビライ汗としては、日本と宋の関係を断つために、そういうことをいってきたわけですよね。

さてそうしますと、日本がフビライ汗の求めに応じて、はい、仲良くしましょうといったら、次はどうなったか。たぶんフビライ汗は、日本に宋への協同出兵を申しこんできたのではないかと思います。

これについては、どうなんでしょう、あまり現在までそういう見解を述べた人はいないような気がしますが、ぼくが不勉強で知らないだけかもしれません。まあ、なんでそういう想像をするかというと、元《げん》は高麗《こうらい》を攻めて、高麗が力つきて屈伏したあと、日本遠征にずいぶん無理をいって協力させてますね。そういうことが、宋に対して行なわれずにすんだという保証はないように思います。ですからもし、フビライ汗の国書に応じていたら、今度は日本は宋への出兵を強要されて、元と戦う代わりに宋と戦うはめになったんじゃないかなという気がしています。そしてそれを拒否すれば、結局は元に攻められる。

まあこれ、仮説というのも非常に大それたいい方なんで、単にそういう気がしてるというだけなんですが、日本としてはもともと、宋とこれだけ仲が良かったのに、掌《てのひら》を返して元とともに宋に対立するというようなことはできなかったから、北条時宗が国書を拒絶したのはしかたないと思うんですよね。

で、国書を拒絶したばかりに、元が攻め寄せてきた。北条時宗の判断は甘かったというのが、一般的な見方のようですけども、これは甘くなったのもしようがないと思うのです。というのは、中国の王朝が海を渡って日本に攻めてくるなんてことは、それ以前も以後も、いっぺんもありませんから。

唐の最盛期にも、後世の明《みん》の最盛期にも、そんなことはなかったんですよ。ですから、海を渡って攻めてくるとは思わないのが普通で、そこまで予測できなかったから甘いというのは、ちょっとそれは酷だと思います。実際、中国の王朝というのは、陸伝いには、もちろん多少膨張主義の傾向があります。これはどこの国にもあることですね。漢の武帝が楽浪郡《らくろうぐん》をつくったとか、隋の煬帝《ようだい》が高句麗《こうくり》征服をたくらんだとか、そういう例はありますけども、あくまでも陸上で国境を広げるにとどまります。しかも、そういうことをやった帝王というのは、瀆武《とくぶ》の君ということで、絶対に評判は良くならないんですよね。ましてや海を越えて兵を送るという発想は、中国の伝統として、まったくありません。ですからもう、国書を断わっても、まあいいだろうと。まさか攻めてくるとは、これは思わないですね。

一三七七年、明の時代になって、朝廷が南方のスマトラに使者を派遣しました。ところがスマトラと対立していたジャワが、途中でこの使者を襲って殺してしまいます。明の朝廷は激怒しました。激怒して、そしてどうしたかといいますと、明にやってきたジャワの使者を追放し、ジャワとの貿易を禁止する。ただそれだけでした。海を渡ってジャワに攻めこむなど考えもしなかったのです。

ですから中国の王朝が海を越えて攻めてくるなんてことは、もう絶対ありえないことだったんですよ。だからこれはもうやっぱり、フビライが漢人だったら思いつくことじゃないと思いますね。日本人の書いた歴史小説や仮想歴史小説で、唐や宋や明が日本に対して領土的野心をいだいていた、という設定のものがたまにありますが、無理な設定だといわざるを得ません。

それで、元《げん》は一度は攻めてきて、神風が吹いて引きあげていったということになっています。まあ、第一次遠征のときは、威《おど》しをかけるという意味合いがかなりあったんだと思いますね。だから、遮二無二《しゃにむに》日本に攻めこむということはあんまりない。ちょっと痛めつけて引きあげたというあたりが妥当《だとう》な線じゃないかと思います。それに実際、最重要な正面の敵である南宋はまだ亡びていませんから、そんなに日本向けに何万という兵を派遣しておくのも、効率からいうとばかばかしい話です。

第一次の日本遠征が一二七四年。そして一二七六年になりますと、七八番の伯顔《バヤン》が軍をひきいて、宋の都である杭州臨安府《こうしゅうりんあんふ》を占拠します。

これは無血占領といえるでしょう。フビライ汗という人は悪くいえば貪欲《どんよく》で、良くいえば非常に財政・経済に関心のあった人ですから、地上で最も繁栄した都市を破壊しようという気はなかったのです。なるべく無傷で手に入れようとしたのですね。

結果はそのとおりになりました。まあ、ここへ来るまではずいぶん血みどろの戦いがあったわけですけど、モンゴル軍に圧迫されて、次々と諸都市が開城するということが多かったようです。で、フビライ汗は伯顔に向かって——さっきもいいました——曹彬《そうひん》に学べ、といったんですね。むだな血は流すなということで。伯顔もそれを守っていったんですけども、ただ、むだな血を流すなということについては前提条件があります。相手が抵抗しない限り、という前提条件が。ですから、もうだめだと思

伯顔（バヤン）

一二三六～一二九四。八憐部の人。フラグ汗の部将である父に従い、西域で成人した。求められて世祖フビライ汗に直属し、宰相アントンの妹を妻とする。一二六五年、中書左丞相となり、事を処するときの果断をもって知られた。一二七四年以降、対宋戦の総司令官となったが、多民族によって編成された大軍を完璧に指揮統率したことからも、その力量がうかがえる。一二七六年、杭州臨安府を陥落せしめ、宋の皇族を捕らえて大都に凱旋、功により開府儀同三司《かいふぎどうさんし》検校大司徒《けんこうだいしと》に叙せられる。死後、淮安王《わいあんおう》に封ぜられたが、「将相《しょうしょう》の才を兼ぬ」と評され、元初最大の功臣であることは疑いえない。『元史』巻一二七伯顔伝、『新元史』巻一五九伯顔伝。

って降伏開城するような城はもちろん、そのままにしておくんですけれど、いったん抵抗すると徹底的に破壊しました。

常州《じょうしゅう》の戦いというのがそれで、この城には宋軍がこもって苛烈《かれつ》に抵抗したものですから、モンゴル軍は入城しても虐殺の限りをつくしました。見せしめのために殺すという面がありますから、それはもう徹底的にひどいことをやったんですね。城外の農民を捕らえて殺したあと、その死体から脂《あぶら》をしぼって、その脂を溜めて城壁にかけて火をつけて火攻めにしたという話があります。だからそういうことをされたら、他の城としては慄《ふる》えあがって、早いとこ降伏しよう、ということになるわけです。

ですから現代でも、モンゴルびいきの歴史家というのは、この常州の虐殺事件について語りたがらないようですね。あたかも、まったく無血のうちに南宋の全土を接収したかのように書いた本もありますが、それはちがいます。

ところで、伯顔というのは、〝百眼〟と書いてもバヤンと読むのですね。

そのころ宋の皇帝というのは五、六歳の子供ですから、そのお祖母《ばあ》さんが皇太后として実権を握っていたわけです。このお祖母さんが迷信深い人で、予言者みたいな人物を呼んで、「この国を守れるだろうか」と尋《き》いたら、その予言者が答えて、「百の眼を持った男が攻めてこない限り大丈夫でございます」といいました。百の眼を持った男なんているはずがないと思って、お祖母さんは安心したわけですが、やがてモンゴル軍が攻めてくると、その総帥が百眼《バヤン》と聞いて真っ青になった、という俗説があります。

かくして、抵抗する手段もなくなり一二七六年に杭州は開城して、形式的には宋はここで亡びます。ただそこで宋が全部亡びてしまったかというと、そうはなりませんでした。

このとき徹底抗戦派は、皇帝の幼い兄弟を奉《ほう》じて、杭州臨安府を脱出するわけです。ここらあたりから、七七番の張世傑《ちょうせいけつ》ですとか、あるいは文天祥《ぶんてんしょう》ですとか陸秀夫《りくしゅうふ》という人々の悲壮な抵抗が始まります。〔註・田中芳樹著『海嘯』（小社刊）〕

降伏した宋の皇帝は、ずっと北、今の北京ですね。あっちのほうにつれていかれて、フビライ汗に謁見《えっけん》します。まあ、フビライ汗は確かにそうやって降伏した宋の皇帝に対しては残忍なまねはしませんでした。貴族に列して暮らさせたわけですけど、ただやっぱり、皇帝だった子供なんかがフビライ汗の前に跪《ひざまず》いて礼をするわけで、それはもう哀れな光景だったでしょう。フビライ汗の皇后という人がそれを見て涙を流したので、フビライ汗が、「あの者どもを憐《あわ》れんでいるのか」と尋《き》いたら、「そうではありません。人の世に千年もつづく王朝はないと聞いております。いずれ私たちの子孫がこのような姿にならないと誰がいえましょう」と答えたので、フビライ汗は憮然《ぶぜん》とした、という話が残っております。

その後フビライ汗は、徹底抗戦派を討伐するように部下に命じるわけです。ただ伯《バ》顔《ヤン》は、いちおう杭州臨安府を陥落させたところで、もう対宋戦の総司令官としては用ずみで、北にもどっていくことになります。

で、この伯顔については、なんとアメリカの作家に伯顔を登場させた歴史小説があります。『黒バラ』という作品ですが、著者はウェスティンという人です。中世のイングランドの騎士が、シルクロードをとおって中国まで行って帰るという話なんですけど、ちょうど中国は伯顔が杭州臨安府を攻め陥《お》とそうとするところなんですね。それで伯顔のことも、この当時の世界で一流の将軍だったということが書いてあります。

この小説はハリウッドで映画化されております。主演の騎士の役はタイロン・パワーです。伯顔《バヤン》将軍を演じたのがオーソン・ウェルズです。これは昔テレビで一度放映されまして、ぼくはオーソン・ウェルズがモンゴルの将軍の格好《かっこう》をして馬の上にそっくり返って水田地帯を行く映像を未だに憶《おぼ》えていますね。これは珍品ですので、ぼくはずいぶんビデオを捜しているんですが、まだ見つかりません。実はビデオが見つかったら陳先生にお見せする約束なんですけど。

さて、七七番の張世傑《ちょうせいけつ》という人は、もともと北方の出だったんですけれど、軍を脱走して宋軍に投じ、そこで将軍になった人です。

それで張世傑のことを悪くいう人は、無頼漢《ぶらいかん》あがりの下士官とかって罵《ののし》るんですけど、やっぱり宋のために命がけで戦った人ですね。

張世傑（ちょうせいけつ）

?～一二七九、范陽（北京）出身。もとは蒙古に降伏した金の張柔に従っていたが、罪をおかして南に逃れ、南宋の臣となったという。呂文徳の支配下に入って転戦するうちに頭角をあらわし、一二七五年に元の攻撃を受けていた臨安府に入って防戦して名をあげた。以後、南宋のために力戦し、一二七六年の臨安陥落以後は、益王をたてて瑞宗皇帝とし南に逃れつつ転戦した。一二七七年になると呼応した文天祥らも敗れ、端宗も没してしまうが、それでも奮戦した。一二七九年厓山で決戦を行ない敗れるが、なお逃れて戦おうとした。しかし、船が大風で転覆するにおよんで没した。『宋史』巻四五一張世傑伝。

フビライ汗としては、文天祥《ぶんてんしょう》なんかを殺さずに捕らえて自分につかえさせようとするわけです。元軍に降伏してきた人はたくさんいても、フビライ汗にしてみれば、もちろん降伏してきた連中は登用するけれど、ただこういう連中というのは宋にとって事態が不利になってきたから降伏してきたわけで、実際、皇后がいったように、元のほうが不利になったらたちまち見捨てて去るだろう、と思ってしまう。むしろ、未《いま》だに頑強《がんきょう》に抵抗している連中のほうが、人間としてはよっぽど信用できると、そう思っていたようですね。降伏してきた連中に対して、「宰相が悪いからといって皇帝にそむく理由になるのか」と皮肉をいっているくらいですから。

特に文天祥は科挙に合格して、以前話しましたけど、天子から字《あざな》を賜《たまわ》ったほどの人ですから、こういう人を自分につかえさせる、そうしたら、武力で抵抗している人も、精神的に抵抗している人も、みな降伏してくるだろう、みたいな計算もあったろうと思います。

けれど文天祥は頑強に抵抗をつづけて、ゲリラ戦を展開するわけです。ただ、文天祥という人はまことにあっぱれな人ですけども、自分自身が心正しい人なものですから、他の人もそうだと思っているようなところがあって、何度も裏切られたりだまされたりしていますね。

それで、一度は元軍に捕らえられたんですけど、計略をめぐらして脱走します。その後、むしろ身分の低い人たちのほうが文天祥を尊敬して、命がけでつき従うわけですけど、そうやって何年も転戦を重ねたけれど利あらず、ふたたび元軍に捕まってしまいます。

陸秀夫《りくしゅうふ》のほうは、一度は幼い皇帝をたてたんですけど、それも病死したので、さらにその弟の衛王趙昺《えいおうちょうへい》という人をたてて皇帝にします。これが宋の最後の皇帝にな

文天祥（ぶんてんしょう）
字は宋瑞《そうずい》。一二三六～一二八二。吉水（江西省吉水県）出身。わずか二十歳で成績第一位で進士に及第した。蒙古の南下により遷都論が起こったが、彼は終始遷都に反対したため一時遠ざけられた。一二七五年には蒙古軍が江南に至り、文天祥は力戦したがおよばず敗退した。あいつぐ敗戦で人材も事欠く宋朝にあって、成績抜群の文天祥の出世は早く、一二七六年には、降伏した宋朝下で右丞相兼枢密使になった。以後も蒙古に抵抗を続け、一二七八年には捕らえられたが、宋が崖山で完全に滅んだあとも節を曲げず、獄中で「正気の歌」を詠むなど反元の気概を示し続けたことで知られる。『宋史』巻四一八文天祥伝。

ります。

この人は海岸伝いに船に乗ったりして転々と南に逃れながら、元軍の追撃を躱《かわ》しつづけました。どうやら大船団を擁《よう》して海上に逃れるというようなことも考えていたようです。ここで蒲寿庚《ほじゅこう》が登場します。ちょっと変わった名前ですけど、この人は先祖がアラビア人です。泉州《せんしゅう》という港町の支配者でした。唐から宋にかけては、この泉州という港は杭州をしのぐほどの世界最大の貿易港で、アラビア、ペルシャ、インドから、たくさんの外国人が来ていました。この人もまちがいなくイスラム教徒です。

この人が泉州を支配して、大船団から水軍から陸軍まで、全部持っていたんですね。ですから、陸秀夫たちはこの人を頼っていこうとしたのですが、蒲寿庚は、もう宋はだめだと見かぎっていました。しかも、フビライ汗だけでなくて、モンゴル帝国においては、行政官とか、あるいは商業的に色目人《しきもくじん》が非常に重んじられていましたね。色目人というのは要するに、ペルシャ、アラビアのイスラム教徒が大半ですから、蒲寿庚としては宋を見捨ててモンゴルについたほうがずっと得なわけです。

ですから、陸秀夫や張世傑がやってきたときに、泉州の城門を閉じて、中に入れませんでした。冷たく追い返してしまうのです。泉州の城内には、早くから逃げてきた宋の皇族が何百人もいたんですけど、蒲寿庚はそれを皆殺しにして、モンゴルに降伏してしまうわけです。それでモンゴルに降伏したときに、「張世傑《ちょうせいけつ》というやつがいろいろと生意気なことをいって態度が悪かったので、腹がたってこちらにお味方することにしました」というあたりがちょっとぬけぬけとしていますね。張世傑は口実に使われただけでしょう。宋の皇族たちにしても、捕らえて元軍に引きわたせばそれですむものを、皆殺しにしたというあたりに、蒲寿庚という人物の性格がよく出ているように思えます。

とにかくそれでモンゴル軍は、ここで大船団を手に入れたわけです。

そこで、元の将軍張弘範《ちょうこうはん》。この人は父親の代からモンゴルにつかえていた漢人ですけども、この人が軍をひきいて陸秀夫や張世傑を追いつめていきます。

結局、宋の朝廷が最後に船団を泊めたのは厓山《がいざん》というところでした。これは、今の香港から西へ百キロくらい行った島ですね。そこに船団を集めました。そのとき、また新たに義勇軍が馳《は》せ参じたりして、厓山という島には、宮廷の女官なんかも含めて十万人くらいが集まっています。

ですからモンゴル軍としても、彼らを無視するわけにはいかないんですね。もう宋は亡びた、あとは残党だ、といってすませていられない。これを放っておくと、いわば精神的な支柱になりますから、あっちこっちで反モンゴルの叛乱が起きないとはいえないわけです。張世傑や陸秀夫もそう思って、いずれ反モンゴルの一斉蜂起《ほうき》が起きたとき、その中核となる武力を温存《おんぞん》しておこう、というので、当面は出て戦おうとはしません。

かくして元軍は、全力をもって厓山の攻撃にかかります。一二七九年の正月にモンゴル軍は大挙して海上から厓山を攻めるんです。そのとき、防御の指揮をとったのが張世傑で、彼は幼い皇帝の乗った船を中央に置いて、その周囲に巨大な船をそろえ、それを鎖《くさり》でつないで海上要塞をつくったんですね。それでモンゴル軍は攻めてきたんだけど、その大船団の壁に阻《はば》まれて、まるっきり近づけない。矢を射かけても、全部巨大な軍船に阻まれて中まではとおらないわけです。

そこで、巨大な船を鎖でつないでいるんだから、ここはもう火攻めだというわけで、何百もの小舟に薪《まき》を積んで火をつけて、それを放しました。ところが張世傑はそれをあらかじめ見抜いていて、一番外側の船の船体の外側に、泥を塗りつけておいたんです。そうすると、火が燃え移らないわけです。しかも、火のついた小舟が来ると、すごく長い竿を何千本も用意させておいて、その竿でもって小舟を押しやりました。そうすると、潮流に乗って小舟はぐるりとまわって、元軍のほうへ突進していくわけですね。それで元軍のほうが何十隻も船を焼かれて、ほうほうの体《てい》で逃げ出すはめになりました。

張世傑という人は北方の生まれで、もともと地上での戦闘には慣れていたけど、海上戦は全然できないという話だったんですが、このときは元軍をみごとに追い払ったわけですね。

そこでいよいよ張弘範《ちょうこうはん》が自分で大軍をひきいて厓山を包囲することになります。一度、張世傑の一族の者を派遣して降伏を勧《すす》めるのですが、張世傑は承知しません。降伏したら富貴《ふうき》を得られることはわかっているが、そんなことはできない、といって退《しりぞ》けるわけです。で、張弘範は宋軍を大艦隊で包囲しておいて、まず宋軍の水の手を絶《た》ってしまうのです。宋軍が水を補給できないようにしてしまう。そして、何日か経《た》って宋の兵士がすっかり弱ったところで総攻撃をかけたわけです。

このとき、文天祥《ぶんてんしょう》は張弘範に捕まっていて、張弘範の旗艦の上から宋が亡びるのを見せつけられたわけなんですが、とにかくそれは二月のことで、海上には深い霧が立ちこめています。どこに敵がいるか味方がいるかわからないという状況から戦いが始まりましたけど、結局、宋軍は体力的に弱っているわけです。そこで張弘範はたくみに潮流に乗って攻撃したので、死闘がつづいた末に、宋軍はしだいに追いつめられていきました。その当時、船を占拠した印として、その船の帆柱を切り倒すというようなことが行なわれていましたが、宋軍の帆柱は次々に切り倒されていって、元軍がじわじわと肉薄《にくはく》してきます。

張世傑は、ここではもう抵抗できないと見切って、わずかな船で元軍の包囲網を突破して外に逃《のが》れ出るわけです。陸秀夫もそうするつもりだったんですけども、あいにくと海上要塞の一番奥にいたものですから、逃れようとしても前方をふさがれて逃れられません。周囲の船がみな沈んだり焼かれたりして、もう周囲にすぐ元軍が迫ってくるわけで、もはやこれまでと陸秀夫は、幼い皇帝をせおって、海に身を投じました。それを見ていた生き残りの将兵、あるいは役人、宦官《かんがん》、女官もみな、海に身を投げます。

というわけで、海上に浮かぶ死体十万余という、すさまじい状況になります。これは、日本で壇《だん》ノ浦《うら》の戦いが行なわれた百年くらい後の話ですね。その壇ノ浦の戦いというのを、五十倍くらいにスケールアップしていただくと、イメージが湧くんじゃないかなと思いますけど。中国史上もっとも悲痛な光景といってもよろしいでしょう。

いっぽう、張世傑のほうはどうにか包囲を突破して逃れて、まだあきらめないんですね。宋の皇族の生き残りを捜して、再起しようとするわけです。元のほうでもそれを知っています。あいつは絶対に降伏したりあきらめたりするやつじゃないということがわかっていますから、必死になって追跡するんですけど、なかなか捕まらない。

ただそのうち、張世傑はすごい嵐に遭《あ》って、船が沈没寸前になります。それで兵士たちが、もうだめだから陸にあがって逃げようというのですが、張世傑は兵士たちをみな去らせておいて、ひとりだけ船に残って、もし天が宋を亡ぼそうというなら、この船を覆《くつがえ》せ、と叫ぶんです。結局すさまじい嵐になって、船は覆り、張世傑はそこで死ぬことになります。

『十八史略』なんかの文章を見ると、「舟覆世傑遂溺宋滅（ふねくつがえる　せいけつついにおぼる　そうほろびたり）」と、たった八文字の内にも、悲愁の思いがこめられています。漢字というものの表現力に、あらためて驚かされます。これが、『宋史』では「世傑死宋遂滅」。世傑の死によって、宋が亡びた、と。この、遂に亡びたり、というところに深い感情がこめられていますね。
『宋史』というのは、元の時代に編纂《へんさん》されたもので、元の皇帝が承認した歴史書なんですよね。その元の皇帝が公認した歴史書に、世傑の死をもって宋が亡んだと書いてあるわけで、形式的に宋は一二七六年に亡んだはずですけども、七九年に厓山《がいざん》で亡んだというのが、その当時の人の素直な考えだったということですね。
で、張弘範は、文天祥に、「ご覧になったとおり宋は亡びたから、あなたももうあきらめて元《げん》の朝廷につかえなさい」というんですけど、文天祥はもちろん断わる。それで、張弘範は文天祥をつれて今の北京まで行き、フビライに会わせることになります。
張弘範は厓山から引きあげるときに、海岸の大きな岩に、自分の功績を誇る文章を連《つら》ねるわけですね。
十二の文字を、三行に分けて書いたのですが、
鎮軍大将　ちんぐんだいしょう
軍張弘範　ぐんちょうこうはん
于此滅宋・ここにおいてそうをほろぼす

と書きつけるのです。

張弘範自身も、ここで宋を滅ぼしたといっているわけですね。ですから一二七六年に当時の宋の皇帝が降伏したというのは、宋は形式的にはそこで亡びたことになっているけれども、同時代人からしても、また後世からいっても、宋が亡びたのは一二七九年に厓山においてである、というほうが、正しい認識だと思います。

宋の滅亡というのは中国の人にとっては悲劇的な話として伝わっているわけで、たとえば宋の最後の皇帝である衛王趙昺《えいおうちょうへい》は五、六歳の少年ですけども、この少年が同じ年頃の友達が周囲にいなかったものですから、一羽の鳥をかわいがって、いつもいっしょにいたといいます。そして、少年皇帝が陸秀夫に背負われて海に沈んだときに、それを見ていた鳥が、籠《かご》ごと一緒に海に飛びこんで後を追ったというような泣かせる話が伝わっております。

生き残った文天祥は今の北京につれていかれて、フビライに会います。つれていったのは張弘範ですが、彼は文天祥を尊敬し、礼をつくして待遇したといわれます。

ここからはもう完全に元の時代ということになりますね。

アジアの嵐　元時代

元の時代にはいって文天祥《ぶんてんしょう》の運命を語る前に、またここでひとつ整理しておきましょう。「正史」というものについてです。

『アジア歴史事典第五巻』の「正史」の項を引くと、つぎのように説明してあります。「中国、紀伝体で書かれた歴史書。編年体および別史、雑史に対するものであるが、現在では政府によって認められた特定の二十五史をいう」

二十五史というのは、『史記』にはじまって『明史』までです。『清史』というのは、資料は収集整理されていますが、まだ完成しておりません。二十五史すべての書名は、この本の巻末、主要参考文献のページに記しますので、ご参照下さい。で、二十五史のうちから、あまり評判のよくない『新元史』を除いたのが二十四史、さらに『旧五代史』を除いたのが二十三史、あと二十二史とか十七史とか、さまざまなかぞえかたがあります。

『史記』の著者は司馬遷《しばせん》、『漢書』の著者は班固《はんこ》というように、最初は個人的な大事業でした。それが唐代に至って勅命《ちょくめい》で『晋書』などを編纂《へんさん》するようになり、多くの専門家が分担して執筆する形式になります。国家事業になるわけです。それ以後、あたらしい王朝が前代の歴史書を編纂することによって、自分が正統を継ぐ王朝であるということを示すようになりました。

となると、あたらしい王朝にとってつごうの悪いことは隠されるのではないか、という疑惑が当然ながら出てきますが、疑いすぎる必要はないでしょう。文天祥や張《ちょう》世傑《せいけつ》、陸秀夫《りくしゅうふ》などは元にとってつごうの悪い人物のはずですが、『宋史』にはきちんと記述されています。曲筆《きょくひつ》や改竄《かいざん》を行なった人についてもちゃんとわかっていますから、その点を用心すればよいと思います。複数の史書を照らしあわせ、なるべく多方面からひとつの事実、ひとりの人物を見るようにしたいところですね。多くの人が分担して書くということで、同じ本の中で記述に矛盾が生じたという例もありますが、それもたがいに照らしあわせて、正しいのはこっちと判断すればいいのです。そのていどの努力は、正史によって恩恵《おんけい》をこうむっている後世の人間にとって、当然のことだと思いますよ。

ただ、二十五史をすべて日本語で翻訳出版していただければ、これはほんとうにありがたい。出版社各社の事業としては、残念ながらこれは不可能で、文部省あたりが国家事業としてやるしかないでしょうが、まずありえませんね。不良金融機関を救済する資金の万分の一でいいんですけど、日本はほんとうに文化にはお金を出さない国ですからねえ。

さて、文天祥の運命について語るといたしましょう。北京でフビライは自《みずか》ら文天祥に向かって、自分につかえるようにいうんですけど、文天祥は頑《がん》として承知しない。それで牢屋《ろうや》に入れられて、酷暑・酷寒の中を四年間過ごすんですけど、ついに屈しないので、やむを得ずフビライは文天祥を処刑します。砂嵐の吹きすさぶ刑場で文天祥は微笑して「わが事、終われり」といったと伝えられます。

死を前にして文天祥が獄中でつくったのが、有名な「正気《せいき》の歌」というものです。文天祥という人は、昔から忠臣、義士の鑑《かがみ》だといわれていましたし、中国のナショナリズムのシンボルだということもいえるんですけど、むしろこの人の行動が他人を感動させたのは、勝者にへつらわない、強い敵に屈しない、いかに苦しくとも変節しないという、非常に普遍《ふへん》的な精神上の価値観をつらぬいたからではないかとぼくは考えております。

昔から文天祥の独善的な姿勢に反感を持つ人はいるわけで、むだな抵抗はやめてさっさと降伏していれば、よけいな血も流れないですんだのにとか、要するに自分ひとりいい気になっているナルシストだとかいう評もあるんですけど、文天祥がそんなくだらない人間だったら、フビライ汗があまでして自分につかえよというわけもないんですね。この点に関しては、文天祥を侮辱することは同時にフビライ汗を侮辱することです。

フビライ汗は文天祥という男の値打ちがわかっていたからこそ、何年間も説得してつかえさせようとするのです。とうとう最後にはだめだとわかったから、それならいっそ、みごとに死なせてやろうと思うわけですからね。

民衆のヒーローという点では包拯《ほうじょう》でしょうが、文天祥は士大夫《したいふ》、つまり知識人階級のヒーローといえるかもしれません。忠《ちゅう》というのは、士大夫の徳目《とくもく》であって、一般民衆には関わりがないんです。一般民衆というのは、税を納めて法律を守っていればいいわけで、朝廷が亡びるときに、それに殉《じゅん》じるのは士大夫なんですね。ですから、中国歴代の王朝がありますけど、その中で士大夫が朝廷に殉じて死んだ数というのは、宋が一番多いのです。最後には厓山《がいざん》で、そこにいた十万人ことごとく死ぬわけですけれど、こんな例は宋の後にも先にもない。元《げん》が亡びるときにも十万人も殉じて死ぬなんてことはなかったのです。

宋の滅亡によって、中国全体が初めて異民族の征服王朝の下に入ったわけですね。それまでは遼《りょう》という国があって、金《きん》という国があって、あるいはそれ以前に五胡《ごこ》十六国時代なんてのがありましたけど、それはせいぜい中国の北半分で、中国の全体が異民族の支配下に入ったということはないわけです。そういった意味で、宋が亡びるときに十万人以上も殉じて死んだというようなことなど思いあわせてみると、宋の滅亡というものは、他の王朝の滅亡とはひときわちがっていて、中国人の記憶に痛切《つうせつ》に残る出来事だったんだなということがわかります。

さて、伯顔《バヤン》については、一連の話の中で終わってしまったようなものですけど、この人はだいたい、杭州《こうしゅう》臨安府《りんあんふ》を陥《おと》したときには四十歳で、まだまだ若かったですね。もともとフビライ汗の弟であるフラグ汗《ハーン》の部下だったんですけども、美男子で教養豊かで弁舌《べんぜつ》さわやか、フビライ汗が一目惚れして、自分のところに譲ってもらったというような人です。本書巻頭のリストで伯顔の左に括弧《かっこ》して八憐《バリン》氏族とあるのは、まったく同じ伯顔という名前の人がべつにいて、この人は奸臣《かんしん》として有名なんですね。

だから、区別するためにその出身の氏族を書いたわけです。モンゴル人には苗字《みょうじ》がないですから、ここらへんがわかりづらくなるんですけどもね。

で、七九番の郭侃《かくかん》という人です。この人は時代的には宋が滅亡したときよりはちょっと早い時期ですけど、フビライ汗の弟であるフラグ汗の部下としてペルシャ遠征に参加した人です。この人については「私撰中国歴代名将百人」で文章にしていますから、それを読んでいただきたいんですが、フラグ汗のペルシャ遠征に従って、バグダードの都を陥《お》とし、地中海の岸まで行ったという、驚くべき人です。中国人の武将で一番西へ行った人ですね。しかもその用兵がすばらしかったので、極西《きょくせい》の神人《しんじん》とい

郭侃（かくかん）

？〜一二七七？　華州（陝西省渭南県）出身。若いころから武将として活躍したが、一二五二年フラグの西方遠征に従って多くの国を討った。足跡はカシミールを越えてアラブやフランクとの戦いにまで至り、征服された地の人々は神人と呼んで畏怖したという。憲宗の訃報を聞いて兵を帰し、即位した世祖に国号を建て都を置くことなどを献策する一方、南宋の制圧も進言した。戦功を重ね万戸に進み、江南を制圧し知寧《ちねい》海州《かいしゅう》となったが、一年あまりの在職ののちに没した。『元史』巻一四九郭侃伝、『新元史』巻一四六郭侃伝。

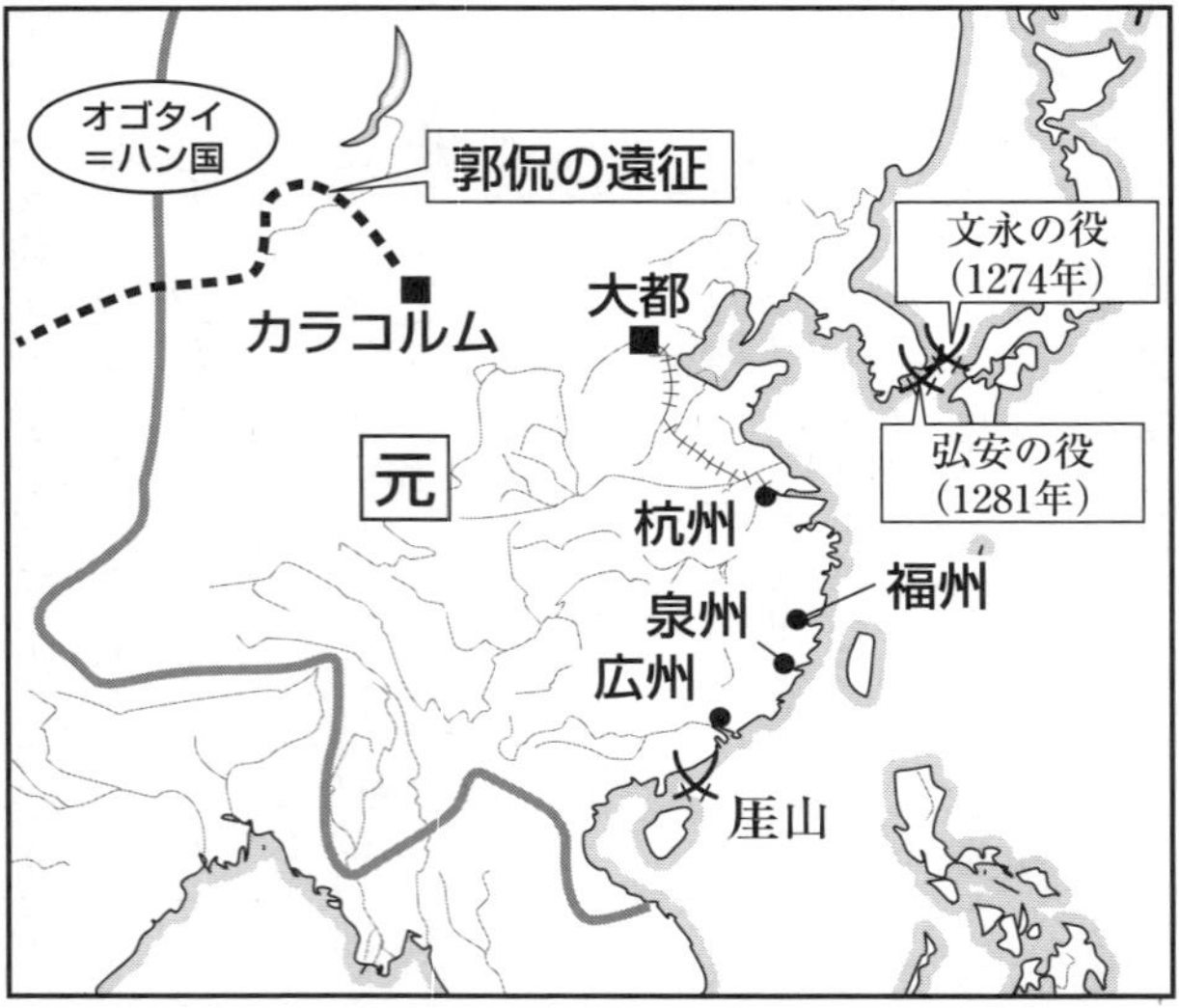

う呼ばれ方もされています。それで、ペルシャと戦い、アラビアと戦い、おまけにその当時地中海の沿岸には十字軍の騎士たちが進出してきていましたから、十字軍の騎士とも戦っています。これは文章にも書いていますが、ファンタジーではなくて歴史事実ですから。

ただ、『元史』にはそう書いてあるんですけども、『元史』自体の記述がおおげさで信用できない、という人もいることはいます。

たとえばモンゴル軍が漢民族の武将に部隊をひきいさせることはないという、そういう意見もある

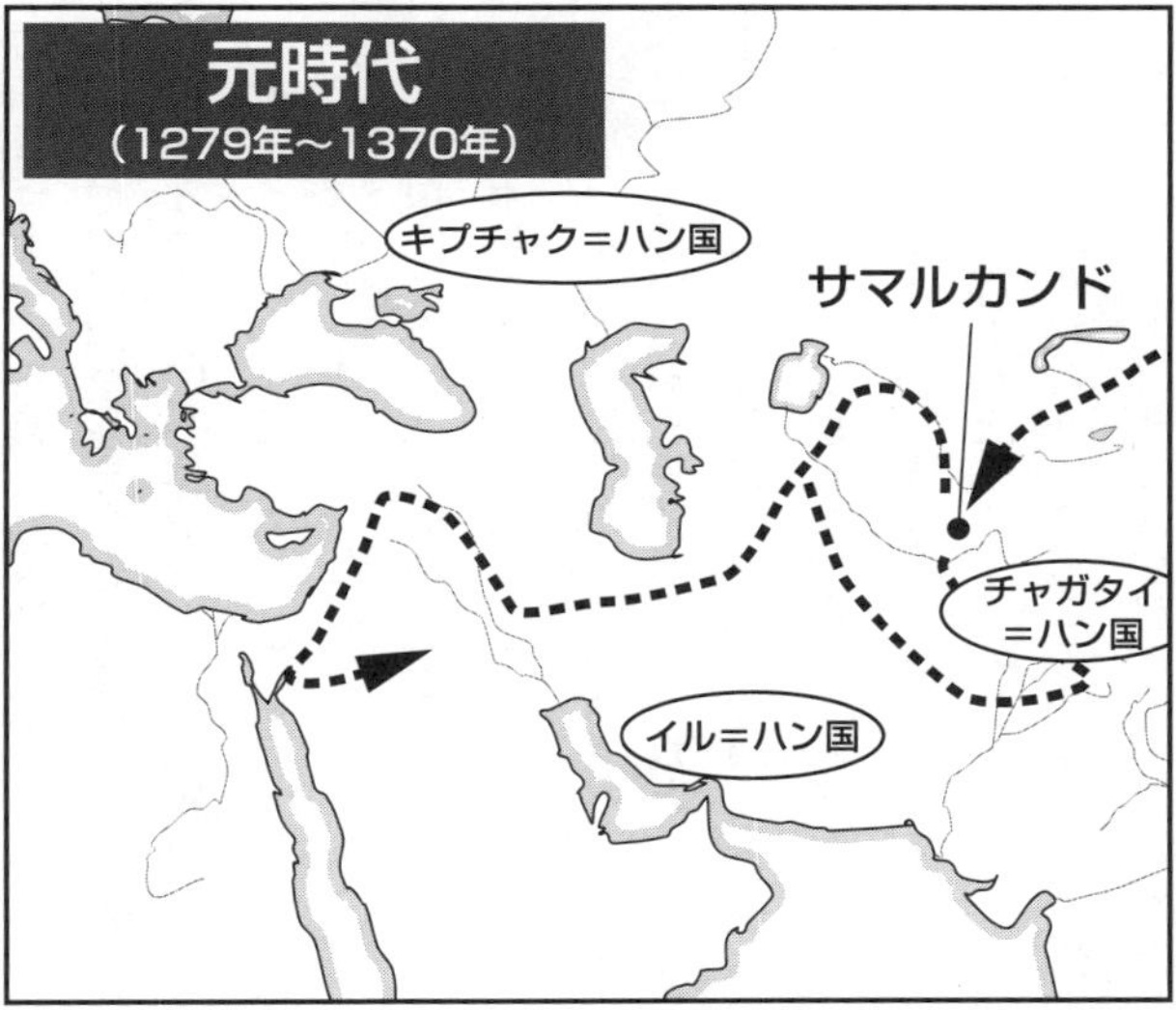

んですが、張弘範《ちょうこうはん》なんかは明らかに漢民族であるのに部隊をひきいて厓山《がいざん》で宋を亡ぼしてるわけですから、それはもう、そういうことだって充分にあったんではないかと思いますね。

郭侃は地中海沿岸まで遠征して中国へ帰ってくるんですけど、帰ってきてからは、そんなには活躍しないのです。だいたい杭州臨安府が陥落したころには、亡くなってますね。この人は中国にもどってきてからも、戦いには出ますけれども、非常に軍律が厳しくて、やっぱり民衆に危害を加えなかったということで、誉《ほ》められています。

こうして、中国全体を元朝が支配して何十年かつづくわけですが、さきほどもいいましたように、中国全体が初めて異民族の王朝の支配下に入ってしまいました。

これもすでにいいましたが、フビライという人は、非常に財政・経済政策に熱心でしたから、南宋が持っていた海上貿易ルートをそっくりそのまま手に入れまして、たいそう積極的に海外との交易を進めています。そして、南宋を亡ぼしたあたりで、第二次の日本遠征が強行されました。

このときには降伏した宋の兵士たちが、ずいぶんその遠征に参加させられています。形式としてはいちおう希望者を募《つの》ったということになっていますけども、これをそのまま信じるのはあまりにナイーブというもので、そんな遠征に好きこのんで行く者がいるわけがない。参加しないならそれでもいいが、その後どうなるかわかっているだろうな、というような形で、結局は強制だったと見るのが、妥当《だとう》なところでしょう。

そして、ご存じのとおり、これも暴風雨に遭《あ》って、ことごとく覆滅《ふくめつ》してしまい、日本遠征は失敗に終わります。このときの日本遠征の理由については、いろいろと専門家の方々もおっしゃってますけども、結局のところ、一回行って成果なく帰ってきてるわけで、そのまま放っておいたらフビライ汗の面子《メンツ》にかかわるというのが一番のところでしょう。

そこで、全艦隊覆滅したあと、何万人もの捕虜を日本は手に入れますが、そのうちモンゴル人や高麗人はことごとく殺しています。ところが南宋出身の兵士たちというのは全部助命してるんですよね。これはもうはっきりと日本にそういう国際認識があって、南宋の人たちは侵略されて嫌々《いやいや》つれてこられたわけだから、被害者なんだということで、明らかに区別していますね。南宋とは付きあいが深かったぶん、状況がわかっていて、好きこのんできたんじゃないということを知っていたわけです。モンゴル兵に対しては、こいつら好きこのんできやがった、という認識があったでしょうし、高麗の場合は第二次遠征のときにはもう、かなり積極的にモンゴル軍を案内してきていいます。まあそれが小国の悲哀というもので、いうこと聞かなければひどい目にあわされるんだから、だったらしかたがない、進んでやったほうがマシだというような感じだったんでしょうね。

このあたりの事情は、井上靖さんの『風濤《ふうとう》』という作品にくわしく載《の》っていまして、大国に圧迫された小国の悲しみが実によくわかります。

なお、このとき旧南宋領で建造された元の軍船が、じつにあっけなく浸水し沈没していますが、本来の南宋の造船技術からいって、こんなことはありえません。あきらかなサボタージュの結果ですね。旧南宋の人々が、日本への遠征など望んでいなかったということの証明になるでしょう。

そういう状況の中で、日本と元の間にまったく通行がなかったかというと、そういうことではなくて、けっこう貿易したり、日本のお坊さんが元に勉強にいったりしているんですよね。戦争はあったことはあったし、正式の国交はないけれど、それについてはおたがい知らん顔でやっていたということでしょう。ですから、鎌倉幕府があいう無茶なことをしたから元と仲良くできなくなったという意見は、これはまちがいなんです。正式の国交は結ばなかったけれども、貿易とか文化交流みたいなことは行なわれているわけですから。

それで元朝の中国支配というのは、非常に異常な状況だったということがいわれています。政治そのものが極端に悪かったわけではありません。元としては、旧南宋、江南《こうなん》の富を吸いあげていればいいわけで、それ以上特に干渉みたいなこともしなかったから、庶民の生活はそんなに変わったわけではないんですね。江南では、南宋時代の税制度もそのままで、現代風にいうと「一国二制度」という感じでした。一番大きな問題は、むしろ知識人階級のほうでして、科挙《かきょ》がなくなってしまったものですから、朝廷で出世するということはありえない、というようなことがつづいて、不満が募《つの》っていきます。

フビライ汗は中国文化に理解はありましたけど、耽溺《たんでき》はしなかったんですね。支配階級のモンゴル人と色目人《しきもくじん》を合わせて、人口がだいたい二百万人くらいです。ところが旧南宋の人口というのは六千万くらいあったんです。ですから、ごく少数の民族が多数の民族を支配しなければならない。そのこと自体にもともと構造的な矛盾があって、元朝の支配が長つづきするはずがないのですが、とにかくごく少数のモンゴル人と、その手足となって働く色目人で、文化的にも経済的にも高度な多数派の民族を統治しなければならなかったわけですね。

科挙というのは、その当時としては非常に先進的な制度でして、ヨーロッパのように、貴族でなければ絶対に出世できないというような状態ではない。ただ、形骸《けいがい》化しているようなところもありましたので、それがなくなったからといって破滅的な状況ではなかったはずです。モンゴルとしては、科挙に代わる統治システムを確立できればそれが一番良かったのでしょうが、結局それができなかったものですから、とうとうなしくずし的に科挙を復活することになってしまいました。

科挙を復活したときに、モンゴル人、色目人、それから漢人、南人という区別をつけて――漢人というのは、旧金国領にいた漢民族です。南人というのが、旧南宋国の人たちです――それでこの四組に分けて、四組の合格者数を同じにしたんですね。つまり、そのまま実力どおりにおこなうと、合格者全員が南人になってしまいますから。そうやって区別して、ついでにモンゴル人の試験科目なんかはずっと易《やさ》しくしたわけです。どうも、世界を支配するモンゴル帝国にしては、やることがせこいんですけど。

ですから、科挙を復活させたということは、すなわち旧来の中国式の統治システムを乗りこえようとした元の統治システムが、結局破綻《はたん》したということなんですね。しかも色目人《しきもくじん》なんかを各地方の長官なんかにして行政を担当させたのですが、色目人という人たちはだいたい有能ではありますけども、その土地に愛着があるわけではないし、短期間のうちに業績をあげようと思うものですから、かなりひどい搾取《さくしゅ》もしたわけです。

有名なマルコ・ポーロという人がフビライ汗のときに中国にやってきたということ

になっています。ただ異論がありましてね。実はマルコ・ポーロは中国に行ってないんじゃないかという本がヨーロッパで出て、日本でも翻訳されました。

いちおうその根拠となっているのが、マルコ・ポーロは万里の長城について何も書いていないし、あと、纏足《てんそく》――女性の足を布で強く縛って小さく固めるという――一種の奇習ですが、そういう風習について何も語っていないとかいうものです。ただ、万里の長城は元のころはほとんど朽《く》ち果てていたはずなんです。今のように立派な長城ができたのは明のころですから。マルコ・ポーロが関心を持たなかったのも不思議はない。それにマルコ・ポーロは、中国語も喋《しゃべ》れず、色目人の社会の中だけで移動して、生活していたわけです。纏足というのは中国人だけの風習ですし、後代の明ほどにはまだ盛んではなかったから、それに気がつかなかったとしても不思議はないんです。確かにマルコ・ポーロなる人物が来たという記録は漢文の資料にはまったくないんですけどもね。

一方で、有名な耶律楚材《やりつそざい》です。あの人に関しては、アラビア語やペルシャ語の資料はまったくありませんが、確かに実在していたわけですから。

モンゴルの歴史に関しては、漢文資料をどれだけ信じるかという問題があります。

何カ国語もの資料を照らしあわせないと、なかなか立体的に浮かびあがってきません。漢文の資料というのは、全部モンゴル人に反感を持つ中国人が書いたんだからまったく信用できない、という極端な意見もありますが、ただそういうことをいっていると、征服された側、敗者側の記録をまったく無視して歴史を語ることができるのか、という問題になってきますね。

そうやってモンゴルの支配というのも、科挙の復活などからきて、しだいにシステムが破綻《はたん》していきます。もともと元王朝というのはフビライ汗というずば抜けた力量の持ち主がかなり個人的につくりあげたものなんで、フビライ汗がいなくなると途端《とたん》に弱体化するというのは、しようがないことですね。さっきもいいましたように、ごく少数のモンゴル人が大多数の、経済的文化的にむしろ優越している中国人を支配するという構造自体に無理があるわけですから、元朝が長くつづくはずもなかった。

それでもフビライの死後、六十九年保《も》ちますね。ずいぶん保ったほうだと思います。南方では杭州《こうしゅう》や泉州《せんしゅう》が宋代以来の驚異的な繁栄をつづけ、北方では大都《だいと》が栄えました。大都というのは今の北京ですが、北京が全中国の首都となったのはこの時代からです。政治都市としてかなり人工的につくられたのですが、多くの色目人が居住し、国際色豊かで、なかなか魅力的な都会だったようです。ただ経済的には南方に頼っていまして、今日に至るもそうですが、「南が北を養う」という構造になっていたようですね。そのためフビライ汗は大運河を全面的に改修して、南方との結びつきを強化しています。

ほどなく、元の朝廷では勢力争いが起きて陰謀がめぐらされ、暗殺とか内乱があいつぐようになります。ひとつには、その当時、非常に気候的な条件が悪くなって、しきりに天災が起こるわけですね。ですからモンゴルびいきの歴史家の中には、元は人間の力では抵抗のできない天災によって亡びたんだという人もいますけど、古来、天災で亡びた王朝というのはないのです。天災に対処することができなくて、それで人

耶律楚材（やりつそざい）

一一九〇～一二四四。遼の王族の子孫で金に仕えていたが、一二一五年に蒙古が都の燕京を陥れたときに捕虜となり、太祖チンギス汗に仕えた。以後、太祖の信頼を受け、常に側近にあってその政治を助けたという。また太祖が没するやその遺命をもって太宗オゴタイに仕え、補佐するところ大であった。モンゴル人の苛酷な征服戦争や征服地支配の行き過ぎを抑え、蒙古帝国の諸制度を整えた功臣として高く評価される。ただ、その功績は誇張されているとの説もある。『元史』巻一四六耶律楚材伝。

心が離反《りはん》して亡びるのです。だから元もそのとおりになったんですけどもね。

黄河の大洪水がつづいたので、元朝は脱脱《トクト》――この人は非常にまじめな宰相だったんですけども、この人が一大決心のもとに何百万という労働者を集めて、黄河の大治水工事を行なったわけです。それは非常に有益な事業だったんですけども、ただ工事が終わったあとに何百万という労働者を一挙に解雇してしまいました。それで、いっぺんに何百万もの失業者ができて、しかも土木工事に従っていた人たちですから、みな健康で体力があるわけですよ。そういう人たちは、自分や家族が生きていくために盗賊にならざるを得ないわけです。もちろんそれだけが原因ではありませんけど、何年も天災があいつぐ、しかも元の朝廷は内部抗争ばかりやっていて、それに対処しきれない。というわけで、あっという間に全国に叛乱が広がります。そこで最初に元の支配下から脱したのは、やっぱり江南でした。

脱脱《トクト》はそれに対して大軍をひきいて進発しまして、一時かなり叛乱軍を撃ち破るんですけども、妬《ねた》まれて讒言《ざんげん》されて自殺に追いこまれるわけです。これでもう元を支《ささ》えるような人材はいなくなって、あとは叛乱の火の手が広がるのをただうろたえて見守るばかりという感じになりました。

ここで長江の南に朱元璋《しゅげんしょう》が登場することになるわけです。明の太祖、洪武帝《こうぶてい》ですね。この人は貧しい農民の出で、子供のころから他人の家の手伝いをして生きていました。こき使われて牛の世話をさせられていたときのことですが、仲間の少年たちが腹が減って死にそうだというので、独断でその牛を殺して、肉を分け与えたんです。ですから、持ち主にひどい目にあわされたんですけど、そのとき肉を食べさせてもらった少年たちは感動して、一生ついていきますと誓ったといいます。その少年たちの

朱元璋（しゅげんしょう）

一三二八〜一三九八。在位一三六八〜一三九八。明の初代皇帝（太祖）。貧賤の身に生まれ、元末の混乱のなかで一家離散し、僧侶となって流浪した。折からの紅巾の乱に参加して頭角をあらわし、次第に勢力を広げ、一三六四年に自立して呉王となった。この前後からさかんに周辺の有力者と戦い、これを滅ぼす一方で、小明王韓山童《かんさんどう》を殺して紅巾軍と決別した。一三六八年南京で帝位について以後は国内平定と元討伐に力をつくし、明帝国を完成した。江南から興って華北を統一した初の王朝で、一世一元の制度を始めたり民政に意を用いるなど社会安定につくした。反面、錦衣衛《きんいえい》を中心とするスパイ網をつくり数多くの功臣を殺すなど、酷薄な一面も強く、明の専制体制における暗部をもつくりだした。『明史』巻一〜三太祖紀。

中に、八一番の徐達《じょたつ》なんかがいるわけです。

朱元璋という人は、その後、一時食えなくなって、お坊さんになってあちこち放浪したりしましたけど、そのうち叛乱軍に加わって、たちまち実力どおりに出世していきます。朱元璋という人はずいぶん怪異な容貌をしていたらしいですけれど、その顔を見た叛乱軍の首領が驚いて、ただ者ではないといった、というような話もありますね。

そうやって頭角《とうかく》をあらわしていくと、昔の仲間たちも集まってきたりして、だんだん自立する勢力をたくわえていくようになります。徐達なんかは最初から朱元璋の下にいたわけですけども、朱元璋がのし上がっていくにつれて、八一番の常遇春《じょうぐうしゅん》のような人が現われて、部下にしてくれといってきます。常遇春という人も、自分で盗賊なんてやっていたんですけども、人生の望みは何だと聞かれて、「十万の大軍をひきいて天下を横行することだ」と答えたという話があって、綽名《あだな》を常十万《じょうじゅうまん》といいました。

タイプからいうと徐達は知将で、常遇春は猛将ですね。この他にも朱元璋の下には人材が集まりますけど、徐達と常遇春が後に王の称号をもらいまして、二王という、

徐達（じょたつ）

一三三二〜一三八五。濠（安徽省鳳陽県）出身。元末の動乱に乗じて兵をあげた朱元璋に従い、明帝国成立に功績があった。朱元璋と同様に農民出身であったが、軍事的才能があり、江南における地盤確保に力を注いだ。また朱元璋の危機をたびたび救ったことでも有名。朱元璋が呉王になり、その勢力が確定的になると全国平定にも尽力した。朱元璋が帝位につくと、なお華北にあった元軍との対決に乗り出し、北上して大都に迫り、元朝最後の順帝を上都へ走らすとともにこれを占領した。一三七〇年には大将軍として拡廓帖木児《ココテムル》とも戦い、元軍を外蒙古に駆逐した。朱元璋すなわち洪武帝に忠実で、部下と苦楽をともにしたところから信頼が厚かった。『明史』巻一二五徐達伝。

常遇春（じょうぐうしゅん）

一三三〇〜一三六九。懐遠（安徽省懐遠県）出身。朱元璋に従い明帝国建設に功があった。その甚だしい活躍は徐達についで第二と称される。徐達とともに各地を転戦し、朱元璋のライバルを倒し呉王即位ならびに明帝国皇帝即位への道を開いた。なかでも一三六三年、鄱陽湖で陳友諒《ちんゆうりょう》を激戦の末に破り揚子江への要衝を押さえたことが最大の功績といえる。拡廓帖木児を破って陝西省に入り、元の順帝を北走させたが、柳河川で急死した。『明史』巻一二五常遇春伝。

このふたりが最大の武勲をあげています。でまあ、朱元璋が勢力をのばさないうちに元が全軍をあげてこれを叩《たた》けば歴史が変わったかとも思うんですけど、彼らが内部抗争に明け暮れて殺しあいをやっているうちに、朱元璋は長江の南をすっかり固めてしまうわけです。

朱元璋は長江のだいたい中流におりまして、その上流と下流にはそれぞれ強敵がいました。上流の敵を陳友諒《ちんゆうりょう》といいます。下流の敵を張士誠《ちょうしせい》といいます。このふたりのほうが、当初の勢力というのは朱元璋よりも強くて、朱元璋はいつこの両者に攻め滅ぼされるかわからないというような状態だったのですが、まず朱元璋は鄱陽湖《はようこ》の決戦で陳友諒を攻め滅ぼします。

この鄱陽湖というのは、長江の中流にある湖ですけども、広さがだいたい琵琶湖の六、七倍はありますね。ほとんど、海みたいなものですが、そこで大船団どうしの決戦を行ないます。

そのとき、陳友諒のほうは船団を鎖でつないでいたので、朱元璋はそれに火をかけて攻めたてます。この鄱陽湖の戦いというのは当時非常に有名な戦いで、『三国志演義』の作者である羅貫中《らかんちゅう》は、この戦いを赤壁《せきへき》の戦いを描くときの参考にしたんじゃないかなと、ぼくは自分ひとりでちょっと想像しております。まず鎖でつながれている船団に火をかけたというやり方もだし、陳友諒の有力な部下が裏切っているように見せかけて陳友諒自身の手でそれを殺させる、というような朱元璋《しゅげんしょう》の計略なんかも、実に赤壁の戦いの描写にそっくりなんですね。

しかも『水滸伝』の作者といわれる施耐庵《したいあん》や、その弟子ともいわれる羅貫中も、だいたいこの時期、このあたりでうろうろしていたという説もあります。ですが、まあ想像はほどほどにしておきましょう。

羅貫中（らかんちゅう）
施耐庵（したいあん）
ともに中国小説史上に名前を残した人物。羅貫中は一三四一年から一三六八年まで在世したという記録があるのみで、詳細は一切不明。出身地も太原と杭州と両説ある。羅貫中作と伝える作品も『三国志演義』ほか数多く、この種の作者の代名詞の観がある。羅貫中との共作で『水滸伝』を著わしたとされる施耐庵もまた元末明初の小説家というのみで、生没年も不明。近年、江蘇省興化県の『続県志』に墓誌銘と列伝があったというが信用度が低いともいわれる。いずれにしても、往時の小説家の地位の低さがうかがえる。

その鄱陽湖の戦いというのは、一夜にして死者十万以上というような大激戦だったわけです。張定辺《ちょうていへん》という勇敢な敵将が朱元璋の船に躍りこんできて、まさに朱元璋を切りふせようとするときに、常遇春《じょうぐうしゅん》が隣の船から矢を放ってその敵将を倒すというような、あわやという場面もありました。ここで陳友諒を亡ぼし、返す刀で張士誠を亡ぼして、朱元璋は江南を統一するわけです。このあたり京劇にもなっていまして、「九江口《きゅうこうこう》」というタイトルで日本でも上演されています。

そしてまず南方を統一したところで朱元璋は帝位について、国号を明《みん》と称し、太祖洪武帝となりました。この場合、太祖というのは死後の廟号《びょうごう》ですけども、このとき年号を洪武とたてたから、洪武帝と呼ぶわけです。これより一世一元の制が始まります。皇帝の一代に年号がひとつだけということです。だから、生前から洪武帝とはいってもいいでしょうね。

そしていよいよ元を亡ぼして天下統一をするために北征軍を送ります。この北征軍の総司令官が徐達《じょたつ》で、副司令官が常遇春というわけですね。兵数は五十万といわれています。そして北上していくと、元軍を至るところで撃ち破ります。このとき、元の側で城を守って討ち死にした人が何人かいるんですが、それがすべて科挙に合格した漢民族の文官たちであったという、非常に皮肉な事実があります。

そこで登場するのが八〇番の拡廓帖木児《ココテムル》ですね。順番がちょっと前後になりましたけど。

拡廓帖木児という人はモンゴルの大貴族の出身です。元王朝が内紛していたときにそれに参加して、モンゴル人どうしの殺しあいをしていたわけですけども、ここに至って、もう圧倒的不利になった元朝のために戦うようになった人ですね。ですからずいぶん奮戦したんですけど、徐達のために大敗して、黄河の岸に追いつめられて、ついに水面に浮かんでいる丸太にしがみついて黄河を渡って逃《のが》れたという話があります。

拡廓帖木児（ココテムル）
?〜一三七五。沈邱（河南省）出身。拡廓帖木児の名は順帝から賜ったもので、漢姓は王。元の有力官僚の甥に生まれた。滅びゆく元を支えて勇戦力闘し、数々の武勲をあげたが、元の衰退は覆うべくもなく、自らも順帝の怒りに触れて遠ざけられることもあった。しかし終始元に忠義をつくし、元の家臣が降伏するなかでも裏切ることはなかった。順帝没後は新たな皇帝のもとで力戦し、一三七二年の徐達との戦いに決定的な勝利を得て、北元を安定ならしめた。さすがの朱元璋も拡廓帖木児に深く傾倒し、妹を第二王子の妃にしたという。『明史』巻一二四拡廓帖木児伝。

普通は泳いで渡れるような河じゃないんですが、そこを泳いで渡ったというので、すごいやつだということなんですね。だいたいモンゴル人というのは、生まれたときから馬に乗っているような人たちですけど、泳ぎは下手《へた》なんです。だから、これは二重にたいしたものなんです。

こうして徐達と常遇春のひきいる明軍は、黄河を渡って、嵐のような勢いで北京――元の大都《だいと》に迫るわけです。

さてそこで、大都にいたのは、元の最後の皇帝、順帝《じゅんてい》ですね。順帝は大都の城壁に拠《よ》って明軍と一大決戦をするかと思われたんですが、さっさと門を開いて北に逃げ出してしまいます。ですから明軍は、無血で大都に入城することができました。

順帝という人はチベット仏教に凝《こ》って、それもまともなほうではなくて、怪しげなチベット仏教に凝って、女と酒に溺れて、忠臣たちを殺して、結局自滅したようなものだといわれている人ですが、この人には奇妙な話があります。実は順帝はモンゴル人ではなかったという説ですね。

つまり、宋が――杭州臨安府が亡びて、そのときの皇帝というのはずっと北につれていかれたわけです。結局この人は大人になってから坊さんになったわけですけども、ひそかにひとりの女に子を生ませて、それが順帝だったという説です。どうも年代が合わないような感じもありますけども、あるいは孫だったかもしれない。それは、そういう伝説ですから、あんまりそこらへんで精緻《せいち》さを求めてもしようがないんですけど。

それで順帝は——だいたい順帝という人も、前の皇帝の実子ではなくて、何か、どこかに島流しになっていたのをつれてこられて皇帝になったんですよ。ですから最初から身元が怪しいといえば怪しいのです。まあモンゴルの皇族だからということで、皇帝の跡継ぎがなかったときにつれてこられたわけで、疑おうと思えば疑う余地は確かにあるんですよ。それで、順帝は自分の出生の秘密を知って、宋の復讐をはたそうと思い、モンゴルを亡ぼすために、わざといろいろばかなことをやったんだという話です。まあ、史実ではないでしょう。ただ、そういう話があったということです。

ごく普通に考えれば、明軍の支配も固まっていたわけではありませんから、順帝としては一時本拠地のモンゴルに避難して、機会をみて奪《と》り返してやろう、くらいに思っていたのかもしれません。だけど明の支配はその後急速に固まって、もう奪り返す余地はなくなってしまいました。結局、元の朝廷は大都から逃げ出して、そのまま中国本土の支配を放棄してしまうことになります。

これまたモンゴルびいきの人にいわせると、むだな血を流さずにいさぎよく引きあげていったということですけども、それほど綺麗事《きれいごと》でもないような気がしますね。だいたい、いさぎよく引きあげていったというのが、そもそも変な表現なんで、結局それは元王朝が、中国の王朝ではなくて、しょせんは外国から攻めこんだ占領軍だったという証拠みたいなものでしょう。強盗が押しかけてきてそのまま家に居すわっていたのが、つごうが悪くなったので逃げ出したという、手きびしくいえばそういうことですね。

かくして明の天下統一が成ります。朱元璋という人は、南の長江流域に興《おこ》り、北上して天下を統一したという点で、中国史上唯一の皇帝です。

徐達、常遇春のほかに朱元璋の部下で有名な人たちというと、まず李文忠《りぶんちゅう》。朱元璋の甥《おい》にあたります。それから鄧愈《とうゆ》、沐英《もくえい》、湯和《とうわ》、以上四人も王に封じられましたので、前述の徐達、常遇春とあわせて「六王」と呼びます。

この六王というのが、絵姿なんかに描かれることがありますけど、この中で李文忠と鄧愈は、髭《ひげ》を生《は》やさない、若い男の姿で描かれます。少年のころから手柄をたてて、若くして高官になった人たちなのです。

それに馮勝《ふうしょう》、常勝将軍と綽名《あだな》された人がいます。この人の功績は六王に劣らないのですが、無実の罪で殺されてしまいました。

その後は、元朝は本来の出身地であるモンゴル高原に追いこまれてしまうわけですね。それで明は元朝のことを北元《ほくげん》と呼んで、正統王朝じゃないんだということをいうわけです。けどやっぱりその勢力はたいしたもので、大軍をもって南下の気配を示しますから、徐達が大軍をひきいてゴビ砂漠を越えて遠征する。迎え撃ったのが拡廓帖《ココテ》木児《ムル》で、このときは勝利を収めます。まあ徐達という人は唐の李靖《りせい》とちがって、騎兵戦のほうはそれほど得意じゃなかったようですね。それ以前に中国本土の戦いでは連戦連勝で拡廓帖木児に勝ちっぱなしだったんですけど、モンゴルに遠征したときには拡廓帖木児にしてやられます。

順帝は都を逃げ出してしばらくして死んじゃうんですよ。で、朱元璋は拡廓帖木児が元のために忠誠をつくして戦いつづけるのに感心して、拡廓帖木児の妹を捕まえたときに、それを自分の息子の嫁にするんですね。敵ながらあっぱれというわけです。

拡廓帖木児が徐達を撃ち破ったので、明軍もモンゴルまでは行けなくなりました。ここで中国本土とモンゴルが完全に分裂することになります。

報われぬ忠誠　明時代

こうしてずっと北のほうに元《げん》は残っているものの、それ以外の天下は統一され、朱《しゅ》元璋《げんしょう》は国内の経営ということを始めます。とにかく皇帝の一身に権力を集中させるために、制度も整えますけども、大粛清《しゅくせい》も行ないまして、胡維庸《こいよう》の獄《ごく》、藍玉《らんぎょく》の獄というのを、あいついで起こします。獄というのは、まあ粛清事件のことですね。胡維庸は丞相、藍玉は大将軍で、それぞれ朱元璋の重臣だった人です。

朱元璋という人は、とにかく天下を統一した英雄ではありましたけど、こまったことに、人を殺したという点では歴史上ナンバーワンです。なにしろ、胡維庸の獄と藍玉の獄とあわせて五万人殺してます。とにかく、ちょっとでも才能のあるような文官、武官、その家族、あわせて五万人ということですね。この大量殺人を「胡藍《こらん》の獄」と総称します。

このときすでに常遇春のほうは、四十歳そこそこの若さで病死していました。だけど年老いた徐達なども主君に疑われます。徐達は鵞鳥《がちょう》の肉が好物だったんですね。

それで朱元璋がその鵞鳥の肉を病気見舞いだといって送ってきたのですが、それには毒が入っていた、ということになっています。徐達は毒が入っているのを知っていたけれども、涙を流してそれを食べたという話が残っています。その他に甥の李文忠《りぶんちゅう》も文武兼備の名将として有名な人だったんですが、あまりにも朱元璋が人を殺しすぎるというので忠告して、なぜか翌日に急死してしまいました。

さっきいいました清の趙翼《ちょうよく》は『二十二史劄記《さつき》』の中で、「蓋《けだ》し明祖《みんそ》は一人にして聖賢、豪傑、盗賊を兼《か》ねたり」という評価をしています。かなり複雑怪奇な人格の持ち主だったようで、ぼくのような凡人から見ると気味が悪いですね。

朱元璋という人は農民なんかは大事にしたんですけれど、知識人に対しては異常に憎しみをいだいていたようですね。詩人で有名な高青邱《こうせいきゅう》という人がいますけど、この人にも朱元璋の悪口をいったといいがかりをつけて殺してしまいます。一種の文化大革命みたいなできごとを思い出しますけど、とにかく朝廷を支えるべき人材を五万人殺しつくしてしまったわけです。「その残虐は千古に在《あ》らざる也《なり》」という評価もあります。漢の高祖《こうそ》劉邦《りゅうほう》も粛清はしましたけど、朱元璋にくらべればささやかなものでした。

これにはひとつ事情もありまして、洪武帝の長男というのが、要するに皇太子ですけども、この人が早死にしました。だから跡継ぎを決めなくてはならないというときに、候補者がふたりいたわけです。ひとりは皇太子の子供で、つまり朱元璋の孫にあたりますね。もうひとりは朱元璋の四男で朱棣《しゅてい》という人です。燕王《えんおう》に封じられていて、非常に武勇に優れた人で、北京に——その当時、明の首都は南京なんです——おりました。この人が北方防衛軍の総司令官だったわけです。皇帝の息子だからというだけではなくて、父親の軍事的才能を一身に受け継いだような人で、モンゴル軍と何度も戦ってことごとく勝つという人でした。ですから朝廷のなかにも、国ができて間もないころだから、燕王のような実力者を皇帝にしたほうがいいという意見もあったんですけども、儒教的な順序からいきますと、嫡孫《ちゃくそん》ということで、帝位は孫に、ということになるわけです。

朱元璋は、これについてはずいぶん悩んで、人に意見を聞いたりもしましたけども、結局、孫を皇太孫《こうたいそん》にして、跡取りにすることに決めました。でも、孫というのはまだ子供ですからね。朱元璋という人はもともとずいぶん他人を疑う人でしたけど、非常に病的になってきまして、将来、孫の帝位を脅《おびや》かすであろう可能性のある人物はことごとく殺してしまったのです。ですからそうやって五万余人の屍《かばね》の上に朱元璋の一族だけが残るという、そういうすさまじいことになりました。そうやって人材を殺しつくしたところで朱元璋は死去します。それで、孫が帝位について、これが建文帝《けんぶんてい》です。

これからが幸田露伴《こうだろはん》の『運命』、また中国では『女仙外史《じょせんがいし》』に描かれる物語の世界になります。

さてそうやって建文帝が即位したものの、それですべてが丸く収まったわけではありませんでした。洪武帝にはたくさんの息子がいて、それが各地で王に封じられて、勢力を持っております。最大の勢力を持っていたのが燕王でした。そこで建文帝の側近たちは、そういう諸方の王――建文帝から見れば、叔父たちにあたります。そういう叔父さんたちがいると、安心できなかったのです。最終的には、かならず燕王をつぶしてしまわないと、いずれあいつは謀反《むほん》を起こすぞ、と決めてかかっていたわけです。そこで最終的には燕王を打倒しなければならないけれど、いきなり燕王を攻めたりしたら、これはもうとんでもないことになりますから、まずその他の王たちを何とかしようということで、次々と各地の王たちの態度が悪いとか謀反をたくらんでるとか、半分はいいがかりですけど、そういう名目《めいもく》で自殺に追いこんだり、領地を取りあげたりしました。

それを燕王は見ていて、最終目的は自分にあるなということが一発でわかるわけです。そこで謀反を起こすように疑われてはたまらないというので、ちょっと錯乱したふりをして、朝廷のスパイの目をごまかそうともしてみましたけども、結局のところ、両立はできない、建文帝を倒すか自分がやられるかだ、というところに追いこまれてしまいました。

そこで出てくるのが、八三番の**姚広孝**《ようこうこう》。法名を道衍《どうえん》という、この人はお坊さんなんですよね。まあ、お坊さんとはいっても、父親は医者だったそうです。で、仏教を学びながらも、一方で陰陽道《おんみょうどう》や詩文を学んだといいます。お坊さんとして有名になったので、燕王にくっついて北京に行って、そこのお寺にいたわけですけども、何かと燕王の相談を受けまして、いわば政治顧問でした。結局、このお坊さんがただ者ではなくて、燕王に、座して滅亡を待つよりも挙兵《きょへい》しなさいと勧《すす》めたのはこの人なんです。

そのころ朝廷は燕王を監視するための将軍を派遣して、もし燕王が少しでも変なまねをしたら、すぐさま捕らえて殺すという準備を整えていました。そこで、燕王のほうは病気になって明日をも知れないから遺言《ゆいごん》したいという名目でその将軍を呼び寄せて、いきなりこれを斬って挙兵するわけです。挙兵はしたけれども、燕王のそのときの兵力というものは親衛隊の八百人しかいません。これでいったいどうやって天下を争うのかという感じですね。

ちょうどその挙兵したときに、暴風が起こって、燕王の屋敷の瓦《かわら》が落ちて砕けました。それで不吉だといって一同は顔色を変えたんですけど、姚広孝ひとりが、これは吉兆である、このような安物の瓦を壊して、黄色い瓦——というのは、皇帝だけが使用できるわけですけど——に替えよ、という天意である、といってみなを励ましたということです。ものはいいようですね。これは精神的なものですから。

そこで燕王は挙兵する。朝廷のほうでは驚きもしたけれど、むしろ待ってましたと

姚広孝（ようこうこう）

一三三五〜一四一八。長洲（江蘇省呉県）出身。永楽帝の謀臣で、燕王時代の永楽帝に会ったとき白い帽子を被せようといったという。「王」の上に「白」、すなわち「皇」。燕王を皇帝に、というのである。真偽はともかくいかにも謀臣らしい逸話をもつ。永楽帝が建文帝に叛乱を起こした靖難の役でも終始活躍した。身辺も清潔であって、死後まったく家産が遺されていなかったという。『明史』巻一四五姚広孝伝。

ばかりに、こちらは五十万の大軍を用意します。ですから五十万対八百で、これでは最初から勝負になるはずがありません。むろん燕王も、あちこちから兵を集めます。特に弟の寧王《ねいおう》という人が、やっぱり北方防衛の任にあたっていて、けっこう軍隊を持っていたんですね。寧王は燕王と仲が良かったので、燕王はその兵を——半分ペテンにかけたようなものでしたけど——借り受けて、そして南下を始めました。

この寧王という人は有名な文化人でして、ちょっと変わっている人なんですけどもね。自分で中国の演劇の研究をしたり、あるいは自分で演劇の脚本を書いたりもしています。その演劇に関する研究書というのが、現代でもなかなか重要な文書なんだそうです。

そこで起こった戦いが、靖難《せいなん》の役《えき》といいます。その後は手に汗握るスペクタクルの連続ということになりますね。

このとき朝廷の軍五十万を指揮したのは李景隆《りけいりゅう》という人で、これが六王のひとりである李文忠《りぶんちゅう》の息子なんです。だけどどうも父親には遠くおよばない凡庸《ぼんよう》な男で、幸田露伴は『運命』の中で李文忠を誉《ほ》めまくったあげくに、息子はだめだったといっております。とにかく決断力のない人で、先手先手ととられて、結局全軍総崩れになってしまうんです。その後、朝廷のほうはいくらでもあとがいますから、次々と大軍を送りこんで、実際燕王も一度ならず危ない目にあうんですね。敵に追いつめられて、まわりに誰もいなくなる。それなのに敵の大軍が迫ってくるというので、燕王は馬を走らせて丘の上に登り、わざと鞭《むち》を上げて丘の向こうから味方を呼び寄せるようなまねをしたら、朝廷の軍はそれを見て、恐れて近づかなかったとか、そういう危ない場面はいくらでもあるんです。とにかく敵将の槍が燕王の鎧《よろい》をかすめたなんてことは、何度あったか数えきれないくらいですね。

そこで皮肉な現象が起こるんですけど、要するに朝廷のほうは兵の数は多いけど、なかなか全軍を統括《とうかつ》するという将軍がいなかった。本来ならそういう人はいくらでもいるはずなのが、全部朱元璋《しゅげんしょう》が殺してしまったものですから、部隊長くらいは勤《つと》まるけども、大将軍が勤まるという人はほとんどいなくなってたわけです。だからそうやって戦闘を重《かさ》ねていくうちに、燕王の味方が次々に増えてきて、宮廷の中にも裏切り者が出てきたものですから、ついに南京——そのころはまだ南京とはいっていませんでしたね。応天府《おうてんふ》といっておりました——が、陥落してしまいました。そこで建文帝が行方不明になってしまうんですね。火と煙の中で姿を消してしまう。ですから、一般にはそこで死んだということになっていますけど、実は生きのびて、僧の姿になって逃れたという説もあります。その説を小説化したのが、幸田露伴の『運命』ということになります。〔註・田中芳樹文、幸田露伴原作『運命』(講談社)〕

それで、この明の初期の歴史を日本にたとえてみますと、朱元璋は織田信長と豊臣秀吉の両者を兼ね、建文帝が秀頼、燕王が徳川家康とあてはめると、けっこううまくあてはまるように見えます。たとえていえば、そういうことです。

そこでおもしろいのは南京という街の歴史でして、ここは南北朝のときにはずっと都になっていますね。それで中国全体の首都になったのは、この明の初期と、それから中華民国の初期だけです。不思議なことに、全国の首都になると長つづきしないという、妙なジンクスがあります。

これはどなたのお話だったか、大阪という土地は、日本史を見ると古来に難波京《なにわのみや》がありまして、そのあと豊臣政権のときに大坂城が首都みたいなものでした。でも、どっちとも長つづきしなかったですね。ですから、南京の歴史と大阪の歴史と比べてみると、ちょっとおもしろい共通点があると思います。

さて燕王は、ついに甥《おい》を亡ぼして天下をとって皇帝になりました。これが永楽帝《えいらくてい》です。成祖永楽帝。この成祖永楽帝という人は、軍人としては実に優れた人でしたね。もう帝位についたという条件がなければ、名将百人の中に、しかもトップクラスで入ると思います。

このとき、建文帝の側近だった方孝孺《ほうこうじゅ》という人が捕まるんです。この人は洪武帝がその学問を見こんで、孫である建文帝の先生につけたくらいで、その当時最高の儒学者でした。この人が建文帝のためにいろいろ策を献じました。結局のところ燕王を亡

永楽帝（えいらくてい）
姓名は朱棣。一三五〇～一四二四。在位一四〇二～一四二四。明帝国第三代皇帝（成祖）。燕王に封ぜられ現在の北京にいた。英邁にして武勇に優れ、北辺を守って功が大であった。洪武帝の孫で第二代の建文帝の世になると、彼の存在は危険以外の何物でもなく、圧迫が加えられた。いち早く危険を察知した彼は「靖難」と号して兵をあげ、三年におよぶ戦いの末に勝利して帝位についた。即位後は都を北京に移し、ベトナムや北辺の諸部族の征討を行なった。漢人皇帝として初めて大軍をひきいて漠北に出撃したり、鄭和を南海に派遣するなど対外政策に功績をあげた。多大の費用を要したはずのこれらの遠征でも国民に過剰な財政的負担を強《し》いたという記録はなく、内政にも破綻《はたん》をきたさなかった点で評価される。しかし、多くの宦官を用い、明帝国が宦官によって政治を毒された原因をつくった面もある。『明史』巻五～七成祖紀。

ぼさなければならない、と主君にいったのはこの人なんですよね。

ですから、永楽帝がこの方孝孺を捕まえたときに、罪は許してやるから、その代わり自分につかえろといったわけです。だけども、方孝孺は頑としてそれを拒否するんですね。「そういわずに、予《よ》が即位するときの詔《みことのり》の文章を書いてくれ」といって筆と紙を渡しました。そうすると方孝孺は筆を揮《ふる》ってその紙に、「燕賊簒位《えんぞくさんい》」という四文字を書いたのです。要するに、賊である燕王が、畏《おそ》れ多くも帝位を奪ったと、そう書いたわけですね。そうして筆を投げつけたので、永楽帝がかっとなって、とうとう方孝孺を殺してしまいました。しかも方孝孺だけでなく、その家族から友人弟子まで八百人以上を皆殺しにしたのです。よほど腹がたったということはわかりますけど、文天祥に対するフビライ汗の態度と比べると、これはフビライ汗のほうが偉かったぞという話です。

方孝孺という人は、がちがちの儒教原理主義者で、学問は深かったけれども、建文帝の補佐役としては明らかに失敗したのです。結局、燕王を謀反《むほん》に追いこんだ上に、朝廷のほうが負けてしまったわけですから。現実の政治や軍事には何の能力もない人ですし、放っておけばよかったんですよね。あるいは殺すにしても、方孝孺だけを殺せばそれですんだんですよ。家族や友人まで殺すことはありませんでした。姚広孝《ようこうこう》は、方孝孺を殺してはいけない、といったのですが、聞きいれてもらえなかったのです。

姚広孝という人は、漢の張良《ちょうりょう》と同じで、自分で兵をひきいたということはありません。まあ、あくまでも軍師として活躍したわけですけど、常に永楽帝の側《そば》にあって戦争指導をして、とにかく燕王がわずか八百の兵で起兵してついに五十万の大軍を撃ち破って天下をとったのは、この人の重要な功績です。

姚広孝という人は、その当時は坊さんだったんですけど、永楽帝が位についてから、還俗《げんぞく》して姚広孝という名前にもどって、ずっと永楽帝の顧問役を務《つと》めました。ただ、この人が自分の出身地に帰って友人を訪ねようとしたら、お前は謀反人の仲間じゃないか、といわれて会ってくれなかったという話もあります。その一方で、北京という城市《まち》の守護者として、北京の破壊をたくらむ黒竜と闘って封印した、という伝説もあります。おなじ中国でも北と南で評判がちがうわけですね。

さて、建文帝という人は若くしてそういう悲劇的な最期を遂《と》げたものですから、やっぱり豊臣秀頼と同じですね。同情が集まったわけです。で、実は炎の中から逃れ出て……という、そこらへんも秀頼伝説に通じるものがありますけど。ただ、正史の

『明史』のほかに、『明史紀事本末《みんしきじほんまつ》』という本がありまして、この中には、はっきりと、建文帝は実は逃れていたんだよ、ということが書いてあります。しかも、実にくわしく、何年何月にはここにいて、何年何月にはここにいたと、見てきたようなことが書いてあります。あれが全部フィクションだとすると、そうとう小説家的才能がある人が書いたんだろうと思いますけどね。そして、流亡の建文帝はずっと歳をとって歴史に関係がなくなってから朝廷に迎えられて、ひそかに、だけど平穏に一生を終えたというような話が載《の》っています。まあ、やっぱりこれは、民衆の願望を反映したものでしょうね。

というわけで、永楽帝は天下を統一しましたが、どうもやっぱり応天府にはいづらいという気分があったようです。しょせんここは敵地だ、というような感じがあったようで、それで自分の本拠地であった北京に都を移すことにしました。正確には、都を移してから北京という名前になるわけですけどね。『アジア歴史事典』には、「北京と称した」と書いてありますね。それまでは、北平《ほくへい》と呼んでいたんですね。あるいは順天府《じゅんてんふ》といっておりました。

それで、本来長く住み慣れていた北京に移ったのですが、もうひとつ重要な理由があって、そのころまだ北元《ほくげん》は蠢動《しゅんどう》しているわけなんです。まあ、内部抗争なんかがあって、ずいぶん勢力は衰えていましたけど、その代わりに韃靼《タタール》とか、瓦剌《オイラート》とかいう新しい部族が出現してきて、結局北方の脅威というのは絶えない。ですから北京に首都を移して、皇帝自らがその北部方面軍をひきいるという、そういうことなんですね。

永楽帝が方孝孺を殺したりしたことについて非難する人たちも、この皇帝自らが北部方面軍総司令官として北方の脅威に対抗しようとした点は評価しているようです。実際、永楽帝は北京にこもっているだけではなくて、むしろ北京を前線基地にしてそこからモンゴル方面に何度も出撃しているんですね。ですから、なかなか気宇壮大《きうそうだい》な人であったことは確かです。

さきほど元の順帝が実はモンゴル人ではなかったという説があるといいましたが、永楽帝については、実はこの人は漢人ではなかったという説があります。永楽帝はフビライ汗を非常に意識して、その後継者たらんと努《つと》めていたというような形跡があるのですが、朱元璋《しゅげんしょう》が元を亡ぼしたときモンゴルの宮廷の美女をひとり自分のものにした、実はその美女はすでに身ごもっていた、という設定なんですね。永楽帝は漢人の皇帝として、ただひとりゴビ砂漠を越えて自分で遠征した人です。だから、漢人の皇帝があんなことするわけないというので、そういう説が生まれたのでしょう。

朱元璋という人は、さっきもいいましたけど、自分の子孫の地位を脅かす可能性のある存在をことごとく抹殺《まっさつ》してしまった人です。万が一にも、永楽帝がそういう可能性があったとしたら、生かしておくはずがありませんね。とにかく、一時は——永楽帝が燕王《えんおう》だったころ——跡取りにしてしまおうと思ったくらいですし、実際そのときに、燕王が最初から皇太子になっていれば、靖難《せいなん》の役《えき》というのは起こらなかったはずなんです。ですから、おもしろい話ではありますけど、史実としてはありえないでしょう。

さて、永楽帝という人は、海のほうにも非常に興味を持っていた人でしたね。ですからここで、八四番の鄭和《ていわ》が登場するわけです。

鄭和という人はイスラム教徒なんですけども、雲南地方に住んでいました。親の代からですね。雲南地方が明の勢力によって平定されたときに、子供のころ捕虜となってつれていかれてるわけです。そして宦官《かんがん》になって、燕王につかえるんですね。ですから、靖難の役のときも、武将としてかなり活躍しています。ですけども、この人は大航海者として記憶されるべきでしょう。

　永楽帝が鄭和に命じて、史上最大の艦隊をひきいて航海に出すわけですけども、永楽帝がそういうことをやったのは、建文帝がひょっとしたら海外に逃れているかもしれないから、それを捜させるためだなんていう説もありました。それが全然なかった

鄭和（ていわ）
一三七一～一四三四。昆陽（雲南省普寧県）出身。一三八二年に明が雲南を征服すると、宦官となり、燕王すなわちのちの永楽帝に仕えた。代々イスラム教徒で、鄭姓も永楽帝より与えられたもの。ときに三宝太監とも呼ばれるが、三宝は宦官を指す。宦官とはいえ偉丈夫で、永楽帝の軍事政策で活躍した。ことに、前後七回、三十年間にわたる南海遠征は有名で、東南アジアからインド洋に入り、ついで遠くアラビア半島ならびにアフリカ東海岸にまで至った。彼のひきいた海軍は、数十隻の大船に二万数千名の隊員、羅針盤などを駆使しており、ときには現地の政治に介入するほどの力を有する大艦隊であった。中国人の世界知識を飛躍的に広げた功績は大きい。また、これにより朝貢《ちょうこう》形式による王室貿易が活発化した。おそらくは、寄港地の大半が同じイスラム教徒の地であったこと、鄭和の人物のすぐれていたことが幸いしたのであろう。残念ながらこの壮挙も受け継がれることはなかったが、南海の知識の増大がのちの華僑の進出につながったといえる。『明史』巻三〇四鄭和伝。

とはいいませんが、あったとしてもついでのことでしょう。本来の意味としてはやっぱり、南宋以来の海上貿易のルートを確保したいということだったと思いますね。

でまあ、鄭和もやっぱりというか小説の主人公になっていまして、『三宝《さんぼ》（保）太《たい》監下西洋記《かんかせいようき》』といいます。三宝というのは鄭和のことで、太監というのは、宦官のお偉方ですね。三宝というのは宦官の通称だそうですが、ほとんど鄭和の別名になっているようで、「鄭和が西洋に下るの記」ですね。西洋というのは、この場合インド洋と思ってください。確かに中国から見ると西の海です。

そこで、だいたい西暦でいうと一四〇五年から一四三三年くらいになりますね。その間ほぼ三十年の間、七回にわたって大航海をやっています。とにかくこのときに鄭和がひきいていた船というのが実に巨大なもので、有名なスペインの無敵艦隊《アルマダ》の船の五倍くらいあったんです、一隻が。それでもってその当時の中国の航海技術とか造船技術とかのすばらしさ、みごとさというのがわかるんですけどもね。だいたい、百隻くらいの艦隊で、つれていった人数が、船乗りから兵士、官吏《かんり》、さらに通訳、医者、学者などを合わせて二万数千人になります。

近年、鄭和について日本語で読める一番くわしい本が出ました。それは、『中国が海を支配したとき』という――よその出版社で恐縮ですが、新書館です――この本はもう、中国史に興味のある人はぜひ読んでいただきたいですね。何も頼まれたわけではありませんが、宣伝してしまいます。鄭和について日本語で読める一番くわしい本ですし、鄭和だけでなく、それまでの中国の海への進出についてきちんと書いてあります。

ただこれ、表紙に髭《ひげ》もじゃの武将が描かれているんですが、鄭和のつもりなんだろうけど、鄭和は宦官だから髭は生《は》えてません。宋の童貫《どうかん》のようなめずらしい例外もありますけどね。宦官を描くときに髭を描いちゃうというのが、日本の絵描《えか》きさんが一番まちがうところなんですよ。その次に、道教と仏教の区別がつかない。やはり近年、『水滸伝』のマンガが出版されましたけど、道教の総本山で道士たちが仏教のお坊さんの姿で出てきます。道士はお坊さんとちがって髪も髭もそらないんです。作家のように文章でごまかせない点、絵描きさんはたいへんだと思いますけど。

さて鄭和は七回にわたって大航海をやって、ずっとインド洋を往復し、一番遠いところでアフリカの東海岸まで行っています。これはあまり知られていないことなんですけど、アフリカの東海岸にある港なんかの遺跡を発掘すると、必ず中国の遺物が出

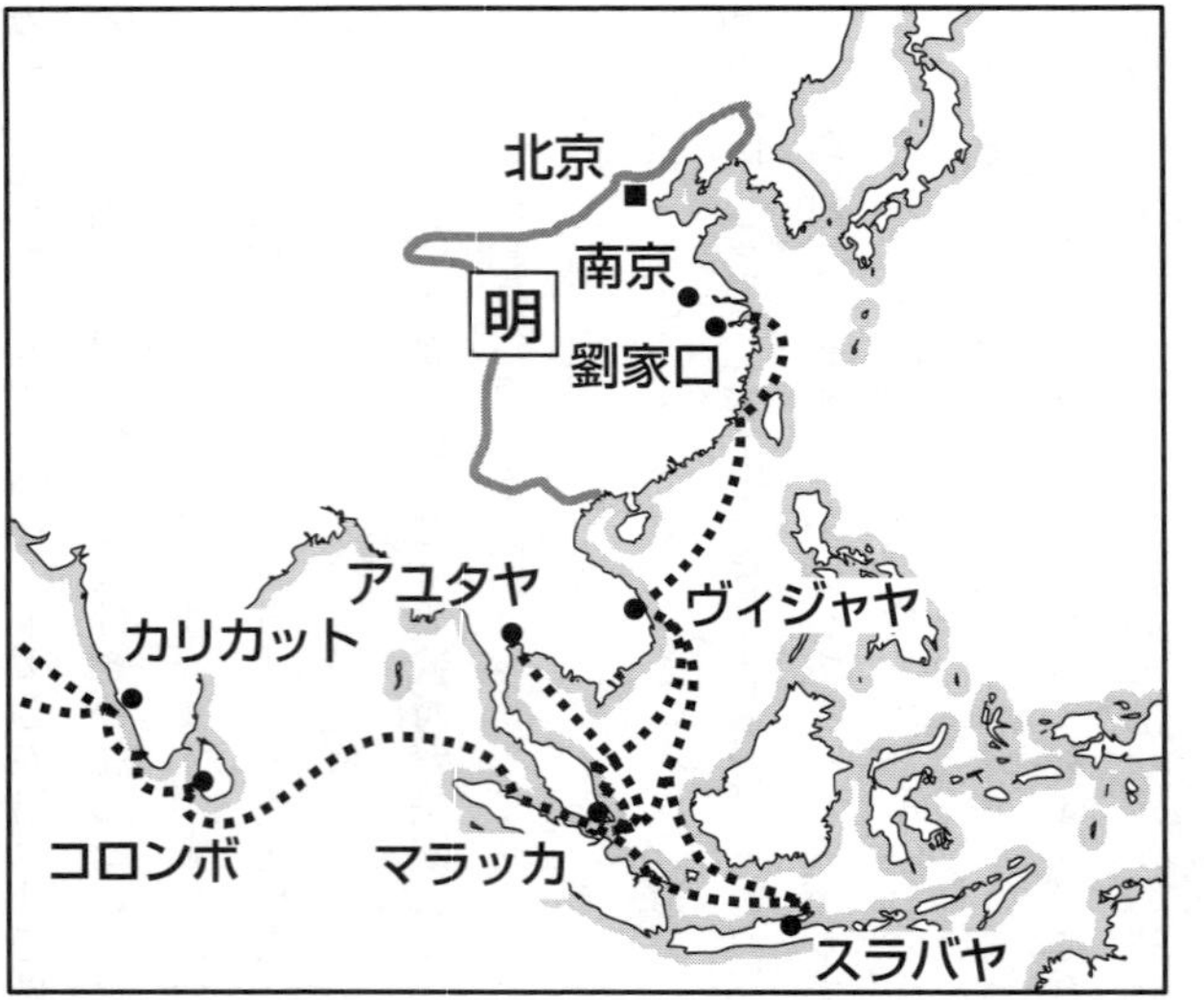

てくるんです。中国のお金とか、中国の陶器の破片なんかが。インド洋というのはインド人、アラビア人、それに中国人が加わって、盛んに東西交通が行なわれていたわけです。そこへのこのこヨーロッパ人がやってきたのはヴァスコ・ダ・ガマのときで、それよりずっと後のことですね。ですからインド洋というのは鄭和の海とか、あるいはシンドバッドの海とかいってもいいと思いますけども。

鄭和はその七回の遠征中に、ずいぶん海賊退治をしたり、あるいは王位継承争いに巻きこまれて正

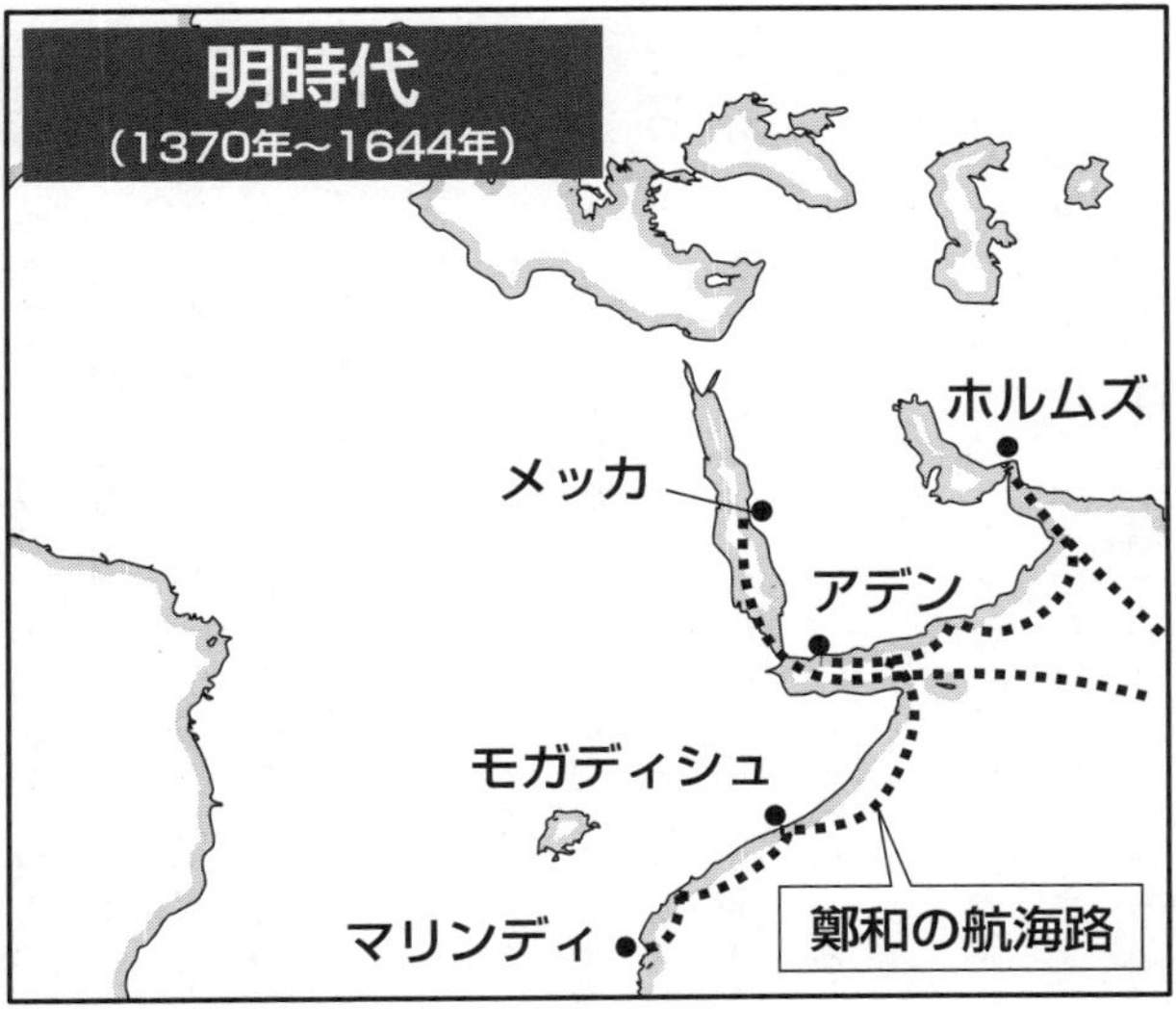

統の王様のほうを助けたりなんてこともやっています。彼は航海者であるけど名将といっていいのかなという声もありますが、二万何千人もひきいて西暦一四〇〇年ごろにアフリカまで出かけていった統率力というのは、これはもう名将の名に値すると思いますね。

鄭和はヨーロッパまでは行きませんでしたけど、『中国が海を支配したとき』の中で、鄭和がオーストラリアを発見した可能性についても触れていますね。イギリス人が書いた本なんですけど、そのへんは非常にフェアだと思います。

だからいつかオーストラリアの西北部の無人の海岸を掘りおこしたら、鄭和が上陸したという証拠の石碑《せきひ》でも出てくるかもしれないなと、ぼくは夢想していますけど。

これは五七番の王玄策《おうげんさく》について語ったときにもいいましたけども、これだけの大艦隊をひきいて遠征していって、植民地をつくっていません。海の向こうに植民地をつくる発想は、中国にはないのです。ですから、フビライ汗の日本遠征というのが、いかに中国の歴史にとっては異常なものだったかということですね。フビライ汗はジャワにも艦隊を送りこんでいますけど、これもみごとに追い払われてしまいました。

それでちょっと思い出したことがあります。ある有名な女流作家がですね、北条時宗について最近書いた文章の中で、モンゴル軍を撃退した民族は、世界中で日本人だけであると書いてました。この人は西洋の歴史に非常にくわしい人ですが、やっぱり世界は日本とヨーロッパだけで成り立っていると思っていらっしゃるらしい。モンゴル軍は、今いったジャワでもそうですし、エジプトでも騎兵戦をやって負けてます。エジプト軍の指揮官は、有名なバイバルスですね。そして越南《ベトナム》には三度大軍を派遣して、三度ともむちゃくちゃに負けて帰ってます。越南軍を指揮したのはベトナム史上最大のヒーロー、陳興道《チャンフゥンダオ》という人です。モンゴル軍というのは、ヨーロッパでは確かに勝ちっぱなしだったけど、それ以外のところではけっこう負けているんです。ですから、世界中でモンゴルを撃退したのは日本人だけだというのはもう、非常に情けないまちがいですね。二十一世紀近くになってもそういう考えを持っている人がいるのかなと思って、その人が学識のある人だけに、ぼくは非常にがっかりしました。

こんな具合ですから、世界で初めてのレストランも日本だと、そういうことになっちゃうんですね。たとえば子供向けの世界偉人伝記全集なんかでもそうなんです。以前に見たものでは、全百巻のうち、アジア人というと三人しかいませんでした。日本人はいるんですけどね、それ以外のアジア人というと三人しかいなかったんです。お釈迦《しゃか》様と、ガンジーと、チンギス汗。中国人がひとりもいません。お釈迦様とチンギス汗をいっしょに並べていいのかなという気がしないでもないんですが、それはともかくとして、やっぱりたとえばシェークスピアの伝記が出たら李白《りはく》や杜甫《とほ》の伝記が出て当然だし、アレクサンダー大王が出たら秦の始皇帝を出すとかね、もう少しバランスを考えてほしいなと思うんです。ところがその伝記全集で初めて中国人が出たっていうから、ぼくはちょっと考えて、諸葛孔明《しょかつこうめい》だろうといったら、やっぱりそうでした。まあ、それでもないよりずっとましだとは思うんですけどね。

それで、鄭和の死後に、すでに永楽帝は死んでいますけども、一挙に歴史が覆《くつがえ》るんですね。つまり、海外遠征というのは金がかかるからやめよう、ということになったのです。それはそうなんですけどもね。ヨーロッパ諸国のように、遠征していったら必ずそこで略奪とか植民地建設とか奴隷《どれい》狩りとかやって、現地の富を全部搾取《さくしゅ》して帰ったら、それはもう遠征は金になるんです。エリザベス一世女王時代のイギリスなんかで、ドレーク提督なんかが、遠征は金になります、と女王を説得したような状況ですね。

中国の場合、それがないから金がかかるだけ。しかも、やっているのは宦官じゃないかという偏見があって、もう海外遠征なんかはやめろということになった。そのときに、やめるだけならばそれはそれでしょうがないかとも思うんですけども、絶対に許せないのは、鄭和の航海記録とか、技術書なんかを全部焼いてしまったことです。この焼いた人の名はもう、千年後まで伝えましょう。劉大夏《りゅうたいか》という男です。

極端にいうと、この人物が歴史を変えたのです。本人は非常にまじめなお役人でした。朝廷のためを思って、宦官をのさばらせてはいけない、むだな出費は避けなければいけないと考えたのです。むだな出費をすると税金が重くなって、結局は民に迷惑がかかるという、それ自体は正論だったんですけど、鄭和の航海記録や技術書を全部焼いてしまったというあたりが、許してはいけませんね。

ですから、世界史の大転換点というのは、十五世紀なんですよ。だいたい一四三三年くらいに鄭和の航海が終わります。そして、一四五〇年くらいに、その航海記録がことごとく焼き捨てられるわけですね。その一方では、ヴァスコ・ダ・ガマがインド航路を発見したのが、一四九七年。ですから、十五世紀の末ですね。その前に一四九二年にはコロンブスがアメリカ大陸に到達しております。ですから十五世紀というのは、それまで海を支配していたのがアジアだったのが、これでヨーロッパに海上支配権が移ってしまう時期なのです。しかも中国とちがってヨーロッパ人というのは、遠征というのは略奪と侵略のためにやるものだと思っているから、それから後の世界史というのは、まったく東方に対する西方の侵略、加害という歴史になってしまうわけです。

それで残念なことに、〝中国が海を支配したとき〟は終わってしまいます。そして、明という国が非常に内向きの姿勢になっていくのが、これをきっかけにしてのことです。

そのころに万里の長城を建設します。長城というのは、もともと専守防衛のものですから、べつにそれをつくったからといって悪いことではないはずですが、永楽帝が北京を出撃基地にして北や西へ出ていったというのと比べると、非常に消極的、閉鎖的になっていくわけです。万里の長城の外へは出ていかない。海にも出ていかないというので、中国文明自体が非常に鎖国的な状況になります。国内の商業とか庶民文化なんかはたいそう発展をつづけるんですけど、外に対して開かれなくなる。というわけで中国社会自体が結局は大きく見ると停滞の方向へ向かっていくわけですね。ですから鄭和の死というのは、そういう中国の外に対して開かれていた窓が閉じられたという意味で、非常に象徴的なものだったと思います。

それにしても、よく考える必要があると思います。劉大夏のような儒教官僚《かんりょう》が、どうしてそのような暴挙《ぼうきょ》に出たのか。要するに儒教といっても、本来孔子《こうし》が唱えたときよりはずっと形式化しているようなものなんですが、そうした儒教原理主義から見ると、国家が利益をあげるということ自体が正義に反することになるのです。歴代、議論になるんですが、こうやれば国家の収入が増えるからというような話が出るたびに、朝廷が商人と利を争うのはいかがなものかという意見が必ず出てくるわけですね。

それで、鄭和たちの遠征なんかは、確かに金ばかりかかってしようがないといいましたけど、それによって海外貿易のルートが確立されれば、長期的に利潤はあがるはずなんです。ところが利潤があがるということ自体がいかんじゃないかということになってしまう。儒教の考え方というのは、財政再建をするのは倹約なんですね。要するに、入るほうを増やすのではなくて、出すほうを減らすというやり方です。とりあえず即時には利益にはならないような大艦隊による遠征を取りやめただけで出費は減るわけですから、そうすべきじゃないかということになるわけです。

そういうところもあって、彼らには彼らなりの正義があるわけですけれども、それは非常に視野の狭いもので——人間、なかなか未来を予知するということはできないものですが、そういう行為が中国社会全体の停滞と視野の矮小化《わいしょうか》につながったことを考えると、劉大夏のやったことは人類史的にやっぱり許せないことだと思います。

さて、そういうわけで明が非常に内向きになっていった時代です。

八五番の于謙《うけん》という人ですね。この人は本来なら文官でした。それで地方の裁判官をやって、于青天《うせいてん》という呼び方をされていました。これは宋の包拯《ほうじょう》が包青天と呼ばれていたのと同じで、非常に公明正大なために民衆に慕われていたという人です。

その当時、明の第六代になります英宗《えいそう》皇帝という人がいます。この人も数奇といえば数奇な運命の人なのです。この英宗皇帝という人が、宦官におだてられまして、よせばいいのに、軍をひきいて強敵と戦おうとしました。そのころ北方では、もう北元《ほくげん》は雲散霧消《うんさんむしょう》していました。延々と内部抗争がつづいて、いつのまにか消えてしまったわけですが、その代わりに強大な騎馬遊牧民族が登場してきます。オイラートという部族です。族長はエセン汗《ハーン》といいます。

この人がだいたい十五世紀中ごろに、モンゴル高原の東半分を統一して、北京に迫ってきます。本来でしたら明と貿易をさせてもらえばそれで満足したはずですけど、非常に内向きの姿勢になっていた明は、それを断わりました。そうなるとすぐ実力を発揮したくなるわけで、騎兵の大部隊をひきいて北京めがけてやってきます。そこで、さっきもいいましたけど、よせばいいのに英宗が、宦官におだてられてそれに対抗しようとするんですね。本来そんな必要はないんですけど、とにかく五十万の大軍をひきいて遠征していきます。そこで史上に名高い「土木《どぼく》の変」が起こります。

両軍ともにあてはずれみたいなところがあって、なかなか遭遇しなかったんですけども、八月に至って明軍の所在を確かめたオイラートのエセン汗が明軍を急襲しました。これがみごとに図に当たって、明軍は大敗北を喫《きっ》します。五十年にわたって明軍の重鎮であった老将張輔《ちょうほ》も戦死してしまいました。

英宗皇帝はというと、きらびやかな鎧兜《よろいかぶと》を着たままうろうろしているうち、いつのまにか部下もみないなくなって、しょうがないから樹の蔭《かげ》に隠れていたら、そこを発見されてしまいました。どう見たって下っ端《したっぱ》の兵士であるわけないので、捕まって、名を問われて皇帝であるとわかってしまいます。エセン汗もまさか皇帝を捕まえるとは思っていなかったから、ここで大いに喜んで、これを取引の材料にするつもりでし

于謙（うけん）

?〜一四五七。銭塘（浙江省杭州）出身。官僚となって功績があったが、その名を高からしめたのが土木の変であった。一四四八年オイラートのエセン汗が大軍をひきいて南下した。その際、于謙は親征をしようとした英宗をいさめたが聞き入られず、結局英宗は大敗して捕虜になった。于謙は動揺する北京宮廷を抑え、英宗の弟を擁立して景帝とし、軍備を強化してエセンを退けた。以後、明の建て直しに努力するが、果断にして非妥協的な性格ゆえに敵も多く、英宗復位を企て実行した一派によって死刑に処せられた。それも棄市《きし》という残虐な刑であったが、功績が大であったので死後約二十年たって名誉回復がなされた。『明史』巻一七〇于謙伝。

た。つまり、皇帝を返してやるから、その代わりに財宝とか領土をよこせというわけです。英宗を殺すつもりはなくて、当然この取引は成立すると思っていたら、成立しなかったんですね。

この当時、于謙《うけん》が昇進して、兵部尚書《へいぶしょうしょ》になっていました。まあ、国防大臣です。この人はかつて地方の知事をやっていたとき、転任しようとするとその土地の人々が泣いてすがって、行かないでくれ、と頼んだもので、十九年の間、同じ土地にいたという、そういう人でした。

このとき、皇帝を返してもらうか、北京は危ないから南京に都を移そうという意見もあったんですけど、于謙はそれをすべて退けて、取引には応じない、北京も捨てない、ということで、英宗皇帝の弟を新皇帝にして、徹底抗戦の構えをとりました。

そこでエセンはあてがはずれたわけですけど、こうなったら北京を陥《お》とすだけだということで、全軍をあげて総攻撃をかけてきました。このとき于謙は、皇帝が大軍をひきいて出ていって、しかもそれが四散《しさん》してしまったから、北京にもたいした兵力はいなかったんですけども、義勇兵を集めて城を守るのです。さすがに北京の城壁を破ることはできない。包囲戦がずっとつづいた後、エセンはついにあきらめて帰っていきました。そこでエセン汗のほうはあきらめのいい人だったらしく、英宗皇帝を無事に帰しちゃうんですね。ただあきらめがいいだけではなくて、もう新皇帝は即位しているわけですから、英宗を帰して明の宮廷が内輪《うちわ》もめになることを期待したのかもしれません。

とにかくこうやってエセン汗は引きあげていって、北京は守られました。当然ながら新皇帝にとって于謙は最大の功臣なのですが、帰ってきた英宗をどうするかというやっかいな問題が生じます。いまさらまた皇帝を交代させるわけにもいきませんから、英宗はすでに退位したということで、まあ気の毒といえば気の毒ですけども、北京の城内に閉じこめられてしまいました。

さて、そうやって新体制が整ったかに見えましたが、于謙という人は不正に対して非常に厳しい人だったので、于謙を恨むような人たちも出てきたわけですね。そして新皇帝があまり長い年月を置かずに病気になってしまいます。そこで于謙を恨んでいた連中がクーデターを起こしました。クーデターを起こして、閉じこめられていた英宗を救出して、これを再び帝位につけるのです。そして于謙を捕らえて、これも死刑に処してしまうわけですね。

英宗皇帝は于謙を死刑にするというのはためらったんですけども、結局OKを出して于謙は死刑になってしまうことになります。そのときに于謙は、天を仰いで、「皇《こう》天后土《てんこうど》、皇天后土」と、二度叫んだといわれています。皇天后土というのは、「父なる天よ、母なる大地よ」、という感じで、要するに、「父なる天も母なる大地も照覧《しょうらん》あれ、自分は無実である」と、そういう意味になるんですが、一方では于謙のような立派な人物が死に臨《のぞ》んでそんな泣言《なきごと》をいうはずがないという意見もありますね。まあ、それくらい叫んでもいい、実際無実だったんだから、と思うんですが。とにかく于謙はそこで殺されてしまって、英宗が復位します。ただしそのときのクーデターを起こした首謀者たちというのは、やっぱりろくでもない連中で、その後問題を起こしてみな我が身を亡ぼしてしまいます。ずっと後になって于謙は無実であり、国を救った功臣であるということで名誉を回復されます。一四五七年ですね、于謙が死んだのは。

その後、明もそれほど名将が出てくる時期ではなくなりますけど、ただもう世界史を習っていると必ず出て来るのが「北虜南倭《ほくりょなんわ》」という言葉で、北の騎馬民族、南の倭――これは日本人を含めた海賊ですね。で、もう、その後の明の歴史というものは、朝廷の内側では権力抗争、外では北虜南倭という感じになっていきます。それでもずっとつづいていくところが、底力といえば底力なんですけどもね。

そしてその次に八六番の王守仁《おうしゅじん》ということになります。この人については「私撰中国歴代名将百人」の文章の中で書きました。要するに、王陽明《おうようめい》という名で知られています。中国の大思想家でありますけど、今回の人選では関係ないので、要するにこの人が明の中期を代表する軍略家であったという点を押さえておいてください。実際に

王守仁（おうしゅじん）　一四七二～一五二八。浙江省余姚県出身。武人としてより陽明学の祖として名高い。若いころは無頼の徒と交わったりしたが、長ずるにおよび学問を修め官僚となった。政治に熱心で、次第に腐敗の度を強めていく明朝の官僚社会にあって清廉を通したことで知られる。一五一六年、江西福建の流賊を討伐したのを手始めに、一五一九年に南昌の寧王の乱を鎮圧し、一五二七年には広西省思恩・田州の乱を鎮圧した。あざやかな軍事的成功を収めたが、その業績は五十六年の生涯の後半の出来事である。彼の思想は「知行合一」として名高いが、まさにそれを自ら示したものといえる。しかし決して恵まれていたわけではなく、時として報奨もなく、彼の学説自体も禁じられ、名誉回復は後世のことであった。『明史』巻一九五王守仁伝。

どういうことをやったかということは文章に書いていますけども、ひとつこの王守仁という人の人柄をあらわすエピソードがあって、ぼくは好きなので喋《しゃべ》らせていただきます。

王守仁という人は、若いころから不正な権力者に対しては歯向かう質《たち》だったんですね。その当時、非常に有力な宦官がいて、横暴をきわめていたんですけど、王守仁はそれに逆らって拷問を受けたあげくに地方に飛ばされてしまいます。もう都を離れてずっと何千キロも旅をして、西南の辺境に行くわけで、お供《とも》したのはたったひとりの従僕《じゅうぼく》だけでした。そこで目的地に着いてやれやれと思ったんですけども、その王守仁について来た従僕のほうが、苦労がたたって倒れてしまうのです。ですから王守仁はその従僕を寝かせておいて看病して、自分で水も汲《く》む、食事も運んでくるというふうに、その従僕が全快するまで世話したという話があります。お前に苦労かけて悪かった、といって。

そこらへんにすごく王守仁という人の人柄が出ているので、ぼくが好きなエピソードです。王守仁の戦場での功績はいくつもありますけど、語っていくときりがない――最大の功績は寧王《ねいおう》の乱を平らげたことですが、この寧王というのは、永楽帝の弟として出てきた寧王の子孫の家柄です。明きっての名家だったわけですが、この叛乱で亡びてしまいました。

その次に、有名な八七番の戚継光《せきけいこう》に移ります。明の時代を通じて、たったひとりだけ選べといわれたら、この戚継光になるかなという気もするんですけど。さっきいいました北虜南倭というのをひとりでやっつけた人ですね。

ただ、その戚継光にいく前に、百人の中には入れませんでしたけど、曾銑《そうせん》という人がいます。だいたい十六世紀の前半の人です。この人は明の西北辺境を守った人で、やっぱり科挙に合格した文官なんですね。文官でありながら用兵に長じ、非常に度胸も優れていたという人で、北方から騎馬遊牧民族が攻めてくるたびに、それを撃退していました。特に十万以上の大軍が一時に押し寄せてきたときに、機略縦横の指揮ぶりでそれを撃退したという人です。ところがこの人がまた、不正をはたらく高官に憎まれまして、軍需物資を着服《ちゃくふく》したという無実の罪を着せられて殺されてしまうわけです。ですからこの人もリストに入れようと思ったんですけど、人数の制限があったので残念ながらはずしました。

それにしても明の時代は特に無実の罪で殺された忠臣というのが多いので、ちょっと暗い気分になりますね。八一番の徐達《じょたつ》がそうですし、八五番の于謙《うけん》、それに八八番の袁崇煥《えんすうかん》なんかもそうです。みな罪なくして、功績があったのに殺されているという。ちょっとこのあたりが残念なんですけど。まあ、ものはいいようで、それにもかかわらず忠臣があいついで現われたというところに、良さを認めるべきかもしれませんが。とにかく、自《みずか》らの手で人材を殺すことの多い王朝だったなという気がしてしょうがありません。

で、八七番の戚継光《せきけいこう》です。この人は代々の武将の家柄に生まれまして、最初はまず東南の海岸地帯で倭寇を撃退するために活躍した人です。そもそもの最初に兵士の訓練や防御体制の整備から始めて、海岸に砦《とりで》をつくって、倭寇が押し寄せたときには実戦の指揮もとる。しかも剣士としても抜群で、竜行剣《りゅうこうけん》という剣法まであみだしたという人です。この人のほかにも兪大猷《ゆたいゆう》とか胡宗憲《こそうけん》とかいう人がいまして、この人たちも倭寇討伐では有名な人ではあります。ただやっぱり、戚継光のほうが有名で、人気もありますね。なお、胡宗憲の参謀をつとめた人に徐渭《じょい》、字《あざな》を文長《ぶんちょう》という人がいます。兵法に優れていただけでなく、詩・散文・書・画・戯曲などいずれも一流の才人でしたが、ふとしたことで妻を殺して投獄され、釈放されたのち、各地を放浪した末に死にました。一種、狂気の天才といえるでしょう。

一五五七年に、戚継光は海賊の大部隊を撃滅して、首領の王直《おうちょく》という人を捕らえます。この王直という人が、当時はみなそうですが、海賊の首領であると同時に海上商人でもあるという人で、日本に初めてポルトガル船が漂着したときに、通訳を務《つと》めたのがこの人だったという、日本史がらみの話がありますね。そのポルトガル人の船に乗っていて、通訳を務めた。といっても日本語は喋れないんで、筆談だったんですけどもね。

戚継光という人がすごいのは、そうやって倭寇を平定した後に、次は西北の辺境の

戚継光（せきけいこう）

?～一五八七。登州衛（山東省蓬萊県）出身。父のあとをついで倭寇との戦いに尽力した。あらたに兵を募って訓練し艦船も充実させて、一一五七年ついに倭寇の首領王直を捕らえることに成功する。ちなみに倭寇には前期と後期があって、後期倭寇は中国人が主流であった。王直も日本に拠点をおいて中国を襲っていた。その後も兪大猷らと倭寇対策に従い、功績をあげたが、一段落すると北方防備にまわされた。アルタン汗、トモン汗らの蒙古軍の侵入撃退に成功するが、彼を支えていた張居正の死後失脚し、不遇のうちに没した。『明史』巻二一二戚継光伝。

ほうに行くんです。今まで海賊を相手にしていたのに、今度は騎馬遊牧民族を相手にするわけですね。そのころしきりにモンゴル方面から南下していた騎馬民族をことごとく退《しりぞ》けます。ですから武将としてはオールマイティの人ですね。海でも戦えるし、陸上でも戦えるという。この人がたとえば倭寇をやっつけるにはどうすればいいか、という内容の研究書を書きました。これはずっと後まで残っていて、軍事研究の対象になっています。

この人がその当時の宰相だった張 居正《ちょうきょせい》――有名ですね。世界史の教科書に出てきます――という人の信任を受けて、わりと後顧《こうこ》の憂《うれ》いなくがんばったんですけど、この張居正という人が死んでからは、やっぱり朝廷の応援が得られなくなって、それで失脚して不遇のうちに亡くなるわけです。

この戚継光という人は、中国の笑話の中ですごく恐妻家として知られているんですよね。それで、どこまで本当かいなというような話もあるんですけども、戚継光が倭寇を最初に平定したときに、勇敢な兵士を集めようとしました。そこで、どういう人間が勇敢なのか。虎をやっつけたとか、そういうことではなくて、自分の妻を恐れない人間こそが勇者であるというわけです。そこで志願兵たちを集めて、自分の妻が恐い者は、白い旗の下へ集まれ、自分の妻を恐れない者は、赤い旗の下へ集まれ、と笛を鳴らしました。そうすると、ほとんどが白い旗へ集まってしまった。みんな奥さんが恐いというわけですね。ところが、たったひとりだけ赤い旗の下にいる。戚継光は、おお、おぬしこそ一番の勇者だ、といって呼び寄せたんです。そうしたらその赤い旗の下にたったひとりいた兵士がもじもじして、「実はあんまり声がよく聞こえなかったもので、声が聞こえないときはやたらに動くなと妻にいわれてましたので」と答えたので、戚継光はがっかりしたと、そういう笑話があります。

海賊といいますと、明代は有名な海賊が何人も出ています。鄭和《ていわ》の航海記録が焼か

張居正（ちょうきょせい）

一五二五〜一五八二。浙江省江陵出身。一五七二年の神宗《しんそう》即位時に宦官の馮保《ふうほ》と結んで政敵を追い、以後十年間、内外の政治の権限を独占した。外は蒙古のアルタン汗との和約に成功するとともに東北辺の安定にも成功し、内は行政整理や黄河の治水工事、全国的な戸口調査を行なうなど多くの業績をあげ、国家経済の建て直しにも努力した。その革新的業績から、単に明末期の大政治家であっただけでなく、中国史上有数の政治家とする説もある。しかし、政策遂行の手段を厳格な態度と強圧的な方法によったため、怨むものも多かったといわれる。『明史』巻二一三張居正伝。

れ、社会全体が閉鎖的になっていったとはいっても、反逆精神をいだいて海へ乗り出していく男たちはいたのです。ひとりだけあげると、林鳳《りんぽう》でしょう。この人はスペインの記録ではLimahonと書かれていますが、一五七四年十一月、大部隊をひきいてスペイン領だったフィリピンを攻撃し、マニラ城を陥《お》とそうとしました。九カ月にわたる戦いの後に、攻撃を断念し、船に乗っていずこともなく去ったといいます。その後いったいどうなったんでしょうね。

さて、戚継光《せきけいこう》の後援者だった張居正《ちょうきょせい》が亡くなった後、明の朝廷というのは、どんどん墜《お》ちていって、まともな政治など行なわれない。陰謀続出で——この陰謀もいろいろとあるんですけど、もうきりがないので、それは省略します。そして北方では騎馬遊牧民族の勢力はさすがに衰えたんですけど、その代わり東北の辺境で、満州族が興《おこ》ってくるわけですね。これは要するに女真族《じょしんぞく》。ずっと以前に宋と戦った金を建てたのが女真族ですが、その後三百年ほど鳴かず飛ばずでいたのが、奴児哈赤《ヌルハチ》という英雄が現われて、部族を統一して急速に勢力を拡大してきたのです。

そういった時代に、日本から豊臣秀吉が朝鮮に侵攻してきました。明は朝鮮の宗主国ですから、日本と戦わなくてはならない。それで大軍を朝鮮に派遣して戦う。その結果、日本軍を何とか追い払ったけども、軍費がかさんでしょうがないわけです。そこで東北方面の防備というのがずっと弱くなる。そこに奴児哈赤が興隆してくる。こうして明の東北辺境というのが、たちまち危険な場所になっていきます。

で、そのときに現われるのが八八番の**袁崇煥**《えんすうかん》です。袁崇煥という人も、もともとは科挙《かきょ》に合格した文官なんです。この人が、奴児哈赤の軍に明軍が敗れて全軍敗走というときに、たったひとり変装して、長城を越えて奴児哈赤の占領している地区を調査してまわったという、たいへん大胆な人でした。そうやって命がけで東北辺境部の事情を探ってくると、その事情にくわしいというので、東北方面の守備隊をひきいるこ

奴児哈赤（ヌルハチ）
一五五九～一六二六。清の初代皇帝（太祖）。本名のヌルハチは地域によって漢字が異なる。祖父は明の建州女直の首領であった。明末に張居正が派遣した軍に敗れ一族が壊滅状態におちいったが建て直しにつとめ、数年で建州女直統一に成功した。明には表面的な恭順の態度をとりつづける一方、周囲の部族との抗争に勝ち、一六一六年即位して後金国を建国。一六一九年のサルフの戦いで勝利し、以後は明を圧迫する。しかし一六二五年の寧遠城の戦いでは袁崇煥のポルトガル砲に敗れ、翌年蒙古を討ったあと没した。『清史稿』巻一太祖紀。

とになったわけです。

一六二六年に至って、有名な寧遠城《ねいえんじょう》の戦いということになります。これは北京のずっと東北で、今の遼寧《りょうねい》省の——中国東北地方の南部ですね——ここを守っているときに奴児哈赤の大軍が押し寄せてきました。奴児哈赤という人は、それまで生涯一度も負けたことがなかったという人ですが、袁崇煥はその直前に、ポルトガルから最新式の大砲を輸入していました。輸入するにあたってはさんざん保守派からの妨害があったんですけども、それを寧遠城に備えつけたわけです。そして無敵の奴児哈赤軍が騎兵で突進してくるたびに、砲を撃ちこむ。奴児哈赤軍は撃たれても撃たれても繰りかえし突撃しますが、やっぱりそのたびに撃退されるのです。そしておそらくそのとき奴児哈赤は大砲の弾に当たって、重傷を負《お》ったんだと思われます。とにかく、奴児哈赤が生まれて初めて、そして生涯の最後に負けたわけですね。

そしてその大功によって、袁崇煥は東北方面の軍の最高責任者になったのですが、ここでまた非常に明王朝の悪いところが出てきます。明の最後の皇帝である崇禎帝《すうていてい》という人がおりました。この人は最初のころは立派にやっていたんです。明のそのころは魏忠賢《ぎちゅうけん》という、これは唐の張承業《ちょうしょうぎょう》と対照的に史上最悪の宦官《かんがん》といわれています

袁崇煥（えんすうかん）

?～一六三〇。東莞（広東省東莞県）出身。一六一九年に進士及第した文官であるが、軍事で活躍した。当時の明はすでに退潮のなかにあり、清の攻撃に苦しんでいた。胆《たん》略《りゃく》のあった彼は広寧陥落の際に敵情をさぐり、守備を上策とした。寧遠城を守備し、一六二六年、清の太祖の攻撃の際には、ポルトガルから輸入した大砲で応戦して太祖に初めて敗北の屈辱を味わわせた。一六二九年に太宗が蒙古を回って北京に迫ろうとしたときも急遽駆けつけたが、清の反間に惑わされた皇帝によって処刑された。『明史』巻二五九袁崇煥伝。

崇禎帝（すうていてい）

一六一〇～一六四四。在位一六二八～一六四四。明の第十六代、最後の皇帝。明君の素質があり、滅亡寸前の明を建て直すために渾身の力を奮った。その政治は公正で熱意もあり、一時は財政の再建もなったかに見えたが、すでに王朝内部の腐敗や当時成長しつつあった清の前にはなすすべもなかった。ことに李自成の乱が迫ると、精鋭の軍は清と戦っており、手薄な都を守る軍もなく打つ手がなかった。孤立した皇帝は皇太子を逃したあと皇女を斬り、皇后ともども自害した。悲運の皇帝といえる。『明史』巻二三～二四荘烈帝紀。

けど、とにかく自分に少しでも逆らう人は殺しまくって、もう明の宮廷をずたずたにしちゃった人ですね。この魏忠賢とその一派を即位するなりすぐに捕らえて殺して、綱紀《こうき》を粛正し、東北の清《しん》軍を防ぐためにずいぶん苦労した人です。苦労はしたんですが、残念なことにちょっと疑い深い人で、袁崇煥が謀反《むほん》をたくらんでいるという讒言《ざんげん》を聞いて、それを信じて殺してしまうんですね。これで明は自ら亡びました。

そのころ国内では有名な**李自成**《りじせい》の乱というのが起こっています。この李自成の乱というのは、唐末の黄巣《こうそう》の乱に匹敵するような歴史的な大乱で、結局李自成の軍が北京に殺到して落城、崇禎帝は自殺しました。帝は自殺する前に自分の娘を斬って、お前はなぜ皇族などに生まれたのか、といって嘆いたということです。結局その娘というのは助かるんですけども——とにかく、帝は首を括《くく》って死ぬ。そのおともをしたのは、たったひとりの宦官だったという、哀れな最期です。ただこの人は自殺するときに、「自分の身はどうなってもいいから、民衆に害を加えないように」という遺書を遺《のこ》していえます。そこらへんにせめてもの皇帝のプライドがあったのでしょう。

かくして明はここで亡びるのですが、その前後に明のために戦った人が、八九番の**秦良玉**《しんりょうぎょく》、九〇番の鄭成功《ていせいこう》ということになります。

魏忠賢（ぎちゅうけん）

?〜一六二七。河北粛寧県出身。もと無頼で無学なうえに賭博にまけて自らの手で去勢し宦官となった。熹宗の乳母と通じて熹宗の寵愛を受けて栄達し、権力を握って悪の限りをつくしたので有名。折から明の政界は東林、非東林の二派が激しく争っていたが、魏忠賢は非東林派と結んで東林党の主要な人々をことごとく罪に陥れ、多くが獄死させられた。かく全盛を誇ったが、毅宗が即位すると逆に弾劾され首をつって自殺した。その後、魏忠賢一派はことごとく断罪されたが、明を混乱させた罪は大きいものがある。『明史』巻三〇五魏忠賢伝。

李自成（りじせい）

?〜一六四五。陝西省米脂県出身。重い税負担に破産して兵となった。当時は明王朝末期で政治が腐敗していたうえに、軍事費の急増などから税の取り立てが厳しく社会には不満が蓄積していた。こうしたなかで一六二八年に陝西地方に大飢饉が起こり、一気に農民暴動へと発展する。乱に参加した李自成は頭角をあらわし、一六三五年ついに闖王に推戴される。一六四四年に北京を陥れ明を滅亡に追いこむが、税徴収や権力を得たことによる堕落など矛盾を露呈した。一方、明滅亡に際して満州族に従った漢人武将の攻撃も受ける。わずか四十日で北京を退去した李自成は、転戦ののち一六四五年湖北で自殺した。『明史』三〇九李自成・張献忠伝。

八九番の秦良玉、この人は女性ですね。しかもこの人は西南の辺境に生まれた人で、漢民族ではありません。ただ、歴史上の有名な女将軍の中でも、この人だけは正史の『明史』に名前が残っている人です。

そこでタイトルもズバリ『女将軍伝』というので井上祐美子さんが、日本——というより、おそらく世界でただひとつ、彼女を主人公にした小説を書いています。

女性の身ながら、知勇兼備で、指揮官としても武人としても非常に優れた人だといわれていますね。そのころ非常に腐敗した明の体制に疑問を感じながらも、やっぱり明のために戦うという、生涯をそれでつらぬいた人です。

そのころ李自成と手を組んだ張献忠《ちょうけんちゅう》という叛乱軍の指導者が、今の四川《しせん》省を荒らしまわっていましたが、秦良玉のところには手を出せなかったという話がありますね。

この張献忠という人については、『蜀碧《しょくへき》』という、ものすごい記録があります。〝碧〟というのは血のことで、〝蜀〟は四川《しせん》省。四川省の流血の記録とでもいいますか。要するに四川省を占領した張献忠というのは、とにかくやたらと人を殺したといわれています。自分に逆らう者を殺すだけではなく、たとえば自分と仲の良かった人も殺す。なぜかというと、こんなに良いやつだから、もう今の世の中で苦しい目にあうのは気の毒だから殺してやる、といって殺したというのです。そうやって盆の上に生首を乗せてにやにや笑いながら話しかけていたと伝えられます。それで何万人殺されたかわからないというんですが、ただこの話はどこまで本当かわからないんですよ。あまりに話がすごすぎて、あれはまるっきりでたらめじゃないのかという人もいて、ちょっとわかりませんね。

秦良玉（しんりょうぎょく）

?～一六四八。忠州（四川省忠県）出身。明末の四川で活躍した女性の武将として名高い。四川の石砫《せきちゅう》宣撫使馬千乗《ばせんじょう》の妻であったが、一五九九年の楊応竜《ようおうりゅう》の叛乱討伐の際に夫とともに出陣し、叛乱軍の一部を破って以来戦陣に臨むようになった。馬千乗の獄死後その部民をひきいて活躍する。武将としてすぐれた部隊統率能力を有するだけでなく、教養もあり武術にもすぐれていた。秦良玉は少数民族の出身であったが、一貫して明政府に従った。一六二〇年に満州作戦が停滞すると兄や弟と明の援軍編成に参加し、翌年渾河の戦いに功績をあげた。秦良玉の名を高からしめたのが明末に四川を襲った羅汝才《らじょさい》および張献忠との戦いであった。四川省に入り殺戮を繰り返す張献忠との対決は『蜀碧』にも記されている。一六四四年、四川は張献忠の支配下に入るが、秦良玉の支配地は治外地としてよく保全された。しかし、まもなく張献忠が死亡し、その後彼女も没した。『明史』巻二七〇秦良玉伝。

少なくとも張献忠は起兵した初期のころには軍紀が厳正で民衆の支持を得ていたという記録もあります。ですからこれについてはぼくも不勉強で、無責任なことはいえないんですけど。『蜀碧』の記述が本当だとすると、とんでもない殺人鬼ではありますが農民叛乱の指導者なんかに対してはでっちあげの記録が書かれることもありますので、何ともいえません。誰の文章だったか思い出せないんですけど、この『蜀碧』を読んで、だんだんヒステリックな笑いがこみあげてきたというような文章を読んだ憶《おぼ》えもあります。

それで、女将軍の次には、いよいよという感じで鄭成功《ていせいこう》ということになりますね。台湾に行くと、歴史上のヒーローというと、岳飛《がくひ》に並ぶくらいで鄭成功が出てきます。何といっても国姓爺《こくせんや》ですからね。この人の生涯が江戸時代の日本文学にまで影響を与えています。母親が日本人ですし。ですから、生まれたのも日本ですね。今の長崎県ですが、七歳のときに父親に呼ばれて、明に渡ります。父親というのが鄭芝龍《ていしりゅう》ですね。

鄭芝龍はもとをただせば王直《おうちょく》のような海賊兼海上商人なんですけど、明の朝廷から官位をもらってはいたわけです。ただそのころになると明が清《しん》に勝てないというのはははっきりしてきましたから、鄭芝龍はいろいろ考えたあげく、とうとう清に降伏してしまうんです。ところが息子の鄭成功のほうは、そういう父が許せない。明の朝廷に恩があるというので、それから孤立無援の戦いに入っていきます。

鄭成功（ていせいこう）

一六二四〜一六六二。日本の平戸生まれで、父が明人の鄭芝龍、母は田川七左衛門の娘。弟に次郎左衛門など異腹の四弟がある。七歳のとき明に渡り、明滅亡の際に唐王の知遇を得て国姓の朱を賜り、成功と改名し忠孝伯に封ぜられた。ここから国姓爺ともいう。鄭成功が抗清復明の意志を固めたのは母が泉州で自決して以来のようで、日本にも援助を乞うて抗戦を続けた。この間に父芝龍が清にくだり、一六五八年から一六五九年にかけては起死回生を狙って南京を攻撃するが、これも失敗する。一方、清もまた鄭成功を攻めあぐね、一六六一年には海岸線から一定の距離をおいて海との連絡を断つ遷界令《せんかいれい》を沿海岸に出し、海を拠点とする鄭成功の封じこめをはかる。鄭成功は二万五千の兵をひきいて台湾を攻め、プロヴィンシア（赤嵌城）、ゼーランディア（台湾城）の両城を陥としてオランダ人を駆逐し拠点確保に乗り出すが、翌年没してしまう。明回復の野望はついえたが、台湾奪回への功績は高く評価され、現在の中国では鄭成功は民族の英雄となっている。日本では近松門左衛門の『国性爺合戦』で有名。石原道博『鄭成功』。

だいたい海上に展開して、しばしば清軍を破りますけど、その間に何度も日本に使者を送って、援軍を求めてますね。三代将軍家光《いえみつ》のころです。少なくとも五回、使者を送ってます。そのときに家光がその気になったら、その後の歴史が大きく変動したと思うんですけど、まあ結局家光は出なかった。

鄭成功はさらに孤立無援の戦いをつづけて、最初は厦門《アモイ》という港街に本拠地を置いて、一度は南京まで攻めあがるんですけども、そこで敗れて、とうとう陸上の根拠地を失って台湾に逃《のが》れるんです。その当時、台湾はオランダが占領していて、ゼーランディアとかプロヴィンシアとかいう城があったんですね。そこを占領していたオランダ軍と戦い、これを撃ち破って台湾全部を占領します。

その後、大陸に反抗する機会をうかがいつつ、むしろ南に転じてフィリピンを占領しようという話もあったんですが、結局彼も若くして亡くなります。かぞえの三十九歳ですね。その間に、転々として地方を逃亡していた明の皇室の生き残りたちも次々に清軍に捕らえられて殺されて、望みを失うわけです。結局それで鄭成功の孫の時代に、ついに反攻をあきらめて清に降伏しました。ところが清のほうでも、鄭一族を疎《おろそ》かにはあつかわず、あっぱれ忠臣の子孫ということで遇していますね。

そもそもこのころ、たいへん有名な呉三桂《ごさんけい》という将軍がいました。この人は崇禎帝《すうていてい》が自殺するときに万里の長城を守っていたんです。万里の長城の東の端にある山海関《さんかいかん》というところですね。ここに何十万という大軍を擁《よう》して――この山海関というのは難攻不落の要塞ですから、そこで清軍を防ぎつづけていたわけです。本気になって防ぎつづけていたら清軍もそこを突破できるものではないんですけれども、背後で北京が陥落したわけですね。そうすると、李自成《りじせい》の軍が北京から出撃してきたら後ろを衝《つ》かれるという恐れがある。まあ、たとえ前後から挟撃されても、山海関はなかなか陥《お》ちなかったでしょうが。

ここで、有名な伝説があります。陳円円《ちんえんえん》という非常な美女が北京にいたんですけど、これが呉三桂の愛人でした。ところがそれを李自成が捕まえて自分のものにしてしまったという報告――どこまで本当かわかりませんが――が来たので、呉三桂が激怒して、とうとう清に降伏し、一緒《いっしょ》になって北京に向かって李自成をやっつけることになった、ということになっていますね。

ですから呉三桂は北京に突入していって、李自成のほうはあわてて北京を逃げ出しました。李自成という人は農民叛乱の指導者としては非常に優れていて、いわば革命起義《きぎ》の英雄だったわけですけども、北京を占領してからはどうも良いことがなくて、結局は追いつめられて野垂《のた》れ死《じ》にみたいなことになってしまいますね。

で、清軍は北京に入城して、ここに中国王朝としての清王朝が誕生します。呉三桂はめでたく清の重臣に収まりました。西暦一六四四年、呉三桂はまだ三十三歳です。

落日の紫禁城　清時代

そしていよいよ清《しん》時代ということになります。章のタイトルにある紫禁城《しきんじょう》というのは北京城内の皇宮のことで、明時代からあったのですが、清が亡びるまで前後約五百年にわたって巨大な皇帝権力の本拠地でした。

九一番は**多爾袞**《ドルゴン》ですね。この人は政治でも軍事でも絶大な功績と指導力があって、事実上の清の第三代目皇帝といってもいいくらいなんですが、太祖奴児哈赤《ヌルハチ》の息子です。まあ帝位がお兄さんのほうにいったので皇帝にはなりませんでした。一般には摂《せっ》政王《しょうおう》多爾袞と呼ばれています。ですから、「帝王紀」のほうに入れてもいいですね。偶然ですが、年齢は呉三桂とおなじです。

そのときの清の皇帝というのは第三代で、これは少年でした。ですから、多爾袞が後見になり、事実上の皇帝として、中国を政治的軍事的に統一する采配《さいはい》を揮《ふる》ったわけです。第三代の皇帝は**順治帝**《じゅんちてい》ですね。それで多爾袞は順治帝の母親——まだ若くて美しい人でしたから——と男女の仲になってしまったと、そういう話もあります。

この人は降伏した呉三桂《ごさんけい》を徹底的に利用して、呉三桂の手でもって明の皇族の生き残りを追いつめさせます。非常に背の高い人だったらしいですね。一九〇センチくらいあったそうです。というのもその当時日本の漁民が中国大陸に漂着して多爾袞に会ったりしてるんです。彼らの記録によると、多爾袞は背が高くてやせていて色が浅黒く、眼光が鋭い人だったそうです。

呉三桂のほうは、毒喰らわば皿までという気になって、どんどん皇族を追いつめていくわけです。明の皇室には宣教師によってカトリックに改宗した人がいました。そ

多爾袞（ドルゴン）
一六一二～一六五〇。清の太祖ヌルハチの第十四子。太祖の没後、一六二八年に太宗に従って蒙古を討ち、翌年には長城を越えて中国内部に侵入するなど武勲を輝かせた。一六三五年にはチャハルを攻め、翌年には朝鮮を攻めるなど初期の清帝国の基礎確立に功績が大であった。太宗没後は順治帝擁立に力があり政治の補佐もした。一六四四年、明が内乱によって崩壊すると、李自成を北京から追い、あわせて人心の動揺も抑え、清の中国平定に多大の功をあげた。権力を一身にあつめ清帝国のために奔走した生涯であったが、死後は謀反があったと疑われ一時皇籍を剝奪された。『清史稿』巻二二四多爾袞伝。

れではるばるローマに使者を送って援軍を求めたりもしたのですが、いくら何でも遠すぎて、これは不可能なことでした。ついに呉三桂は西南の辺境で最後の明の皇族を皆殺しにします。そのときに処刑台に引きすえられた明の皇族で十四歳の少年が、呉三桂を睨《にら》んで、叫んだそうです。

「逆賊、我が朝廷がいつ汝《なんじ》を裏切ったか！　汝の悪行は人が許しても天が許さぬ。いずれ汝も一族皆殺しになるであろう」

その声を聞いた呉三桂は顔をそむけて、斬《き》れ、とひと言《こと》いったと、そういう話も伝わっていますけど、この予言がみごとに当たることになります。

ここでもうひとり、百人の中に入らないけれど史可法《しかほう》という人がいて、この人も明の忠臣として有名な人です。軍事的にはなかなか清軍に対抗できなかったんですけども、この人は多爾袞《ドルゴン》に書面で議論を吹っかけたんですね。多爾袞のほうも史可法の人物を認め、自分たちは明の王朝を亡ぼしたのではない、亡ぼしたのは李自成《りじせい》だ、李自成を亡ぼして我々は明の仇を討ってやったんだから、我々が明の後継の王朝になってもいいはずだ、と返事を送ったんですけれど、史可法のほうは、さらに反論する。そういうやりとりの後、清軍は史可法を揚州《ようしゅう》という街で捕らえて殺します。

この揚州を陥《お》落させた清の将軍は多鐸《ドド》といって、清の皇族なんですけど、揚州を陥としたときに何十万もの市民を皆殺しにしたといって、非常に悪名の高い人です。清軍の行なった大虐殺の記録が『揚州十日記《ようしゅうじゅうじつき》』といって、これは平凡社の中国古典文学大系に収められていたと思いますね。

多爾袞《ドルゴン》は清による天下統一を達成した後で、間もなく亡くなります。一六五〇年に亡くなったんですけど、まだ三十九歳ですね。彼の死に関して奇妙な話があります。いちおう多爾袞は病死したということになっているんですが、万里の長城のあたりで狩をしているときに亡くなったんです。それで、猪《いのしし》に牙《きば》で突かれて死んだという話があるんですよ。ここで不思議なのは、明の永楽帝も狩をしていたときに猪に突かれ

史可法（しかほう）

?～一六四五年。祥符（河南省開封）出身だが、北京市に籍を置く。一六二八年の進士出身ながら、明末の大叛乱の中心人物張献忠を討って名をあげた。李自成が北京に迫っていることを知るや勤王の軍を募って揚子江を渡ったが、北京陥落を知り南京の明の皇族のもとに参加した。しかし、後継者問題や内紛があるのを嫌い揚州へうつった。清に抵抗を続けた史可法は揚州での戦いに敗れ捕らえられて死ぬが、その抵抗戦は王秀楚『揚州十日記』に詳しく綴られている。『南明史』巻上史可法伝。

て死んだという話があるんです。それで、永楽帝と多爾袞の共通点といいますのは、どちらも甥《おい》をないがしろにしていたことです。永楽帝は甥の建文帝《けんぶんてい》を亡ぼして帝位についたし、多爾袞は甥の順治帝《じゅんちてい》——まあ、幼いんですけれど——をほとんど無視して自分が皇帝のようにふるまっていましたね。ですから、甥をないがしろにした叔父さんは猪に突かれて死ぬという、民間説話の共通点みたいなのが見られて、おもしろいですね。

実際に順治帝が多爾袞を憎んでいたことは確かで、多爾袞の死後、あいつは帝位を簒奪《さんだつ》する陰謀をめぐらしていたということで、皇族から除名されてしまいます。後になって名誉回復されますけど。

こうして、天下は清によって統一されました。

さて、九一番の多爾袞《ドルゴン》から九二番の明亮《ミンリャン》までは、非常に間が開きます。一挙に百年くらい間が開きますね。その間に順治帝から康煕帝《こうきてい》、雍正帝《ようせいてい》、乾隆帝《けんりゅうてい》と移って、清の極盛期が始まっているわけです。

康煕帝（こうきてい）

一六五四～一七二二。在位一六六一～一七二二。清第四代皇帝（聖祖）。わずか八歳

の幼さで皇帝になった。大臣のなかには専横をするものもいたが、これを抑えて次第に自らの手で統治するようになった。一六七三年に三藩の乱が起きると自ら陣頭指揮にたち、一六八一年鎮圧に成功した。こうして中国支配を確立する一方、財政面の充実にもつとめ、統治時代に叛乱らしい叛乱が起きぬほど安定した社会をつくりあげた。また、南下を意図するロシアに対してはこれを防いで一六八九年にネルチンスク条約を結び、同時にジュンガル部の平定も行なうなど、清の絶頂期を開いた。学問にも武術にもすぐれ家族思いの皇帝であったが、一方で文字の獄を起こして思想統一をはかっている。『清史稿』巻六～八聖祖紀。

乾隆帝（けんりゅうてい）
一七一一～一七九九。在位一七三五～一七九五。清朝第六代皇帝（高宗）。清は建国以来名君が続いて隆盛を続けたが、とくに康熙帝から雍正帝を経て乾隆帝に至る三代がもっとも繁栄したといわれる。乾隆帝は、治政五十九年目に十の功績をあげまっとうしたとして十全老人と称した。多くの善政を布き、対外遠征を行なうなど清の国力を発揚したが、それらは、康熙帝から雍正帝に至る治政の成果のうえに成し遂げられたものであり、度重なる外征は重い負担となって国民にのしかかった。かくして乾隆帝の晩年には幾つもの内乱に悩まされるようになったうえに、不必要な文字の獄をも引き起こしている。乾隆帝時代は帝国の行く末に不安が見えだした時代でもあった。『清史稿』巻一一～一五高宗紀。

清王朝の支配というのは、モンゴルの場合とちがって長くつづきました。少数の民族が多数の民族を支配するという構造は同じですが、清の場合、努力して完全に中国に溶けこもうとしたからでしょう。清の朝廷は、歴史家によって、中国への押しかけ婿《むこ》、押しかけ養子という表現をされます。清は本来異民族ですけども、中国本土に侵入して、そこを乗っ取ったわけですよね。ただし、中国文化にたちまち染まって、非常に熱心な中国文化の擁護《ようご》者になるわけです。髪型だけは弁髪《べんぱつ》にして、古来の髪型を変えましたけど、その他にはべつに変えたところはないですね。それで一所懸命《いっしょけんめい》に働いて、おちぶれていた名門を立て直してお金持ちにするんですけども、考え方がだんだん保守的になって、他所《よそ》からお客がやって来ると、わが家の伝統にそんなものはないとか、わが家の家風に合わないとかいって、西洋文明を退《しりぞ》けてしまいます。そのあたりで、清の皇室というのは、中国にとって押しかけ養子であったと、そういわれているわけです。非常に有能な養子だったけど、自分は養子だというコンプレックスがあるものですから、よけいに保守的になって、家風がどうの、伝統がどうのといい出すという、実に良くできたたとえだと思います。あくまでもたとえでして、養子になった人をそしるものではありません、念のため。

それにしてもやっぱり、康熙帝《こうきてい》なんていう人は中国史上の歴代の皇帝の中でもやっぱりベストのほうに入っただろうと思われます。この人がまずやったことは、呉三桂《ごさんけい》をはじめとする有力な外様《とざま》の諸侯を、一挙にやっつけてしまったことでした。三藩《さんぱん》の乱といいまして、もともと明の将軍でありながら清に降伏して、非常に強大な勢力を誇っていた——日本風にいうと大名の家があるわけです。そのひとつが呉三桂のところで——あとのふたつは面倒なので省略しますけど。そして中国の南部というのは、この三藩がほとんど独立王国のようになっていて、清の朝廷の威令がおよばなかったのですね。

それで康熙帝が即位したのは少年のときでしたけれども、この三藩をどうにかしなければいけないとわかっていました。呉三桂のほうでもそれを感じとっていて、一度、自分はもう老齢なので引退したい、という手紙を送るわけです。そういえば引き止めるだろうから、そうしたら大きな顔をして居すわってやればいいと思っていたら、康熙帝はあっさりと認める。やめてよろしい、全員北京に引きあげてこい、というのです。それで呉三桂はあてがはずれて、どうやら清の朝廷は本気で自分たちをつぶす気らしいとさとりました。そこで他のふたつの藩に呼びかけて——みなそれぞれ追いつめられてますから、一挙に連合して大叛乱を起こしたわけです。そうしたら康熙帝というのが少年ながら実にみごとにこれに対応して、三藩の乱をことごとく鎮圧してしまうんですすね。

呉三桂は自分が叛乱を起こす口実として、明《みん》の復興というスローガンを掲《かか》げました。ところがこれが全然説得力がない。清と手を組んで明の皇族を最後まで皆殺しにしたのは呉三桂自身ですから、いまさら明の復興を叫ぶのは非常にグロテスクなことになってしまうわけです。一時はずいぶん勢力がさかんでしたが、結局、呉三桂の軍は次々に敗れて、本人は死の床につきます。死ぬ直前に一日でもいいから皇帝になりたいといって、即位式をあげてそこで死んでしまいました。

三藩の乱は平定されて、康熙帝の手で完全に天下が統一されるわけですね。康熙帝というのは、四代目の皇帝なんですけど、もう事実上、大清帝国の創始者といってもいいでしょうね。それまでは間借人《まがりにん》だったのが、本物の主人になった、という感じでしょうか。

そして康熙帝は、国内を固めると同時に、北方の脅威を取りのぞこうとします。北のモンゴル高原というところは、騎馬民族が次々と興《おこ》っては中国への侵入をねらうという、そういう場所なんですね。

その当時ロシア帝国はシベリアを占領して、ずっとアジアのほうに進出をしてきていました。そこで、まず北方を固めるために康熙帝は、黒竜江《こくりゅうこう》のほうへ出兵してロシア軍を打ち負かします。そしてロシアとの間に協定を結んで国境を確定します。有名なネルチンスク条約がこれです。まずそれがひとつ。それからモンゴル高原にジュンガルという部族が興《おこ》って、これが非常に強大な勢力で清の国境を脅《おびや》かしていました。そこで康熙帝は自ら軍をひきいてゴビ砂漠を越え、モンゴル高原でジュンガル族を撃滅するわけです。たいへんな武勲といえるでしょう。それから一方チベットにも軍を出してこれを平定するということになります。

ですから康熙帝の部下に名将はいるんですけれど、曹操の場合と同じく、主君が最大の名将なものですから、どうしても他の人は影が薄くなるんですね。

それから息子の雍正帝《ようせいてい》、孫の乾隆帝《けんりゅうてい》に至るまで、ずいぶん多くの将軍たちが出ますけど、名前をいくつかあげてもいいんですが、まず阿桂《アグイ》という人ですね。

岳鍾琪《がくしょうき》。この人は漢人で、岳飛の十七代目の子孫といわれています。本当かなという気がしますけどね。

福康安《フカンガ》、海蘭察《ハイランチャ》、兆恵《ジョーホイ》、薩布素《サブス》、年羹堯《ねんこうぎょう》、羅思挙《らしきょ》、策棱《ツェリン》……そういったところでしょうか。

　こういった人たちがいて、あるいはネパールまで遠征したり、ロシア軍を破ったり、西域の砂漠のほうまで遠征したりして、それぞれに功績をあげています。

　それぞれに才能もあり功績もあげている人たちなんですが、なにしろ康熙帝がすごすぎるので、影が薄くなる。それとこのときは清の国力が最大級のものになっておりまして、国力を背景に大軍を編成して、それでもって勝ってしまうということがありますから、名将としてひとり取りあげるというのが、なかなかできません。全員の名前をあげる余地はありませんし、この中からたったひとりといわれると、非常にこれは困ります。

　まあおもしろいのは、たとえば羅思挙。盗賊あがりの猛将で、文才があり、さまざまな叛乱や軍隊の事情について貴重な記録を残しています。

　つぎに策棱。モンゴルの青年貴族でしたが、康熙帝に見こまれてその娘を妻にしました。北方のオイラート族が大軍で侵攻してきたとき、奇跡的な大勝利をあげたことで知られます。宮廷恋愛とスペクタクルな戦闘シーンと、二本立ての歴史ロマンの主人公になれそうですね。

さてそこで明亮《ミンリャン》という人ですが、乾隆帝のころの名将ということになります。この人もずいぶん遠くに行っているんですね。南はビルマまで、北は黒竜江に行ってます。アムール河ですね。西はイリだから、今の新疆《しんきょう》ウイグル自治区、西北の果てですね。カザフスタンとの国境に近いところです。それから、中国史上には巨大な宗教団体が武力をもって叛乱を起こすという例がいくつもあったんですけども、この人はそれをまたいくつも平定しています。南の果て、北の果て、西の果てまでずっと行ってるんです。

明亮（ミンリャン）
一七三六〜一八二二。満州鑲黄旗の人。一族から皇后が出ており、名門出身である。一七六五年の回部の乱鎮圧、一七六九年のビルマ遠征、一七七六年の僧格桑の乱の平定、一七九六年のミャオ族の乱平定など多くの内乱平定や外征に功があった。彼はこのほかにも多く勇名を馳せたが、往々にして専断があり何度か罷免《ひめん》されたという。それでも再三用いられたことは、彼の将才をしめす一方で、当時の清軍が人材を欠き、帝国が崩壊に向かって矛盾をあらわにし始めたことを示すともいえる。『清史稿』巻三三六明亮伝。

この人は知略に富んだ名将だったのですが、どうも上官や同僚と合わずに、喧嘩《けんか》ばかりしているんですね。戦場に出ると非常に大手柄《てがら》をたてて帰ってくるんですけれども、朝廷の大臣なんかと喧嘩して、自分で飛び出したりクビになったりするんです。それで故郷にもどると、家にこもって絵を描いてるんですね。非常に竹の絵を描くのがうまくて、竹の絵を描く画家としては、その時代で一番だといわれていたほどでした。で、こもって絵を描いていると、またどこかで叛乱が起こった、他の者では鎮定できないから明亮を呼べ、ということになるんです。そこで、面倒《めんどう》くさいなとかいいながら出かけていって、戦うと勝つ。勝って朝廷にもどるとまた喧嘩して飛び出す。そういうような人でした。ですから功績だけでなく、なかなかおもしろい人なので、リストに入れました。

さてそれから九三番、楊遇春《ようぐうしゅん》ということになります。楊遇春になると、人生の後半がそろそろ十九世紀にかかってきますね。清帝国も爛熟《らんじゅく》のころです。この当時、中国では人口爆発が起こっていました。もともと中国の人口は、漢や唐など各王朝の全盛期に六、七千万に達してそこでストップしていたのですが、乾隆帝《けんりゅうてい》の治世に激増して一億四千万になり、その後も増えつづけます。それまでは、国土もたいそう広いことだし、人口が多すぎて困るということはなかったのですが、これ以降は少し事情が変わってきますね。なお、西暦一八〇〇年ごろ世界の三大都市というと、ロンドン、江戸、北京でした。いずれも人口百万人前後です。パリとイスタンブールが五十万くらいで、ニューヨークはまだ六万くらいといわれます。

さて、楊遇春という人は、対外戦争というのはしませんでした。ずっと叛乱の討伐に一生をささげた人です。ただその叛乱というのも、まず甘粛省《かんしゅくしょう》方面のイスラム教徒の叛乱。それから台湾における叛乱。それから西南の貴州省《きしゅうしょう》における叛乱。というわけで、やっぱり北へ南へ西へと走りまわった人ですね。

楊遇春（ようぐうしゅん）

一七六〇〜一八三七。四川省崇慶県出身。一七七九年武挙に及第し、以後イスラム教徒や台湾の乱、グルカ族の征伐、ミャオ族の乱討伐に従う。黒旗をしるしに大小数百の戦いに参加したが一度も傷を負わず、軍は楊家軍として恐れられたという。イリやカシュガルの政治も担当したが、一八三五年高齢を理由に退職した。乾隆帝時代末年からの動揺の時期を支えた代表的武人。その戦歴からうかがえるように、以後の帝国の変動は決して抑えられるものでなく、崩壊への序曲としての軍事行動の先駆けといえる。『清史稿』巻三五三楊遇春伝。

この人は結髪《けっぱつ》——日本風にいうと元服《げんぷく》のことです——以来、ずっと軍人生活をつづけていまして、人々から福将《ふくしょう》と呼ばれていました。幸運の将軍ですね。これはなぜかといいますと、ずっと前にお話ししました唐の尉遅敬徳《うっちけいとく》、あの人も生涯かすり傷ひとつ負わなかったというんですけれど、楊遇春がまた生涯を戦場で過ごして、やはりかすり傷ひとつ負わなかった。それで福将といわれております。生涯に参加した戦闘の数は数百にのぼるといわれています。そして、黒い旗を持って常に陣頭に立って戦った、そしてその部下も命を惜しまず戦ったので、楊家軍《ようか》と呼ばれたのですね。

この人が一八三五年に軍を引退します。この人の時代までは清帝国も盛んだったわけですが、この人が死んだ直後に阿片《アヘン》戦争が起こりますね。一八四〇年のことです。

この当時、楊という名前の将軍で非常に戦術に優れた人がふたりいまして、二楊《によう》と呼ばれていました。ひとりはもちろん楊遇春で、もうひとりは**楊芳**《ようほう》という人です。この楊芳という人も戦術が優れていましたし、叛乱が起こって、彼の妻が叛乱軍の捕虜になったとき、叛乱軍がその妻に対していっさい危害を加えなかったというエピソードが残っています。非常に兵士たちの信望が厚かった人です。ですから名将と呼ばれたんですが、この人、なまじ長生きしたのが不幸でして、阿片戦争に参加した際、ずいぶん時代遅れの戦法を使って——気の毒ですけれど、物笑いの種になってしまいました。

さて、清も終わりに近くなって阿片戦争に入りますが、その前に九四番、李長庚《りちょうこう》についてお話しするのを忘れていました。この人が活躍したのは、だいたい十九世紀の初頭です。この人は海の名将ですね。

そのころ清の海岸で艇盗《ていとう》の乱が起こります。艇盗というのは、そのものずばり海賊です。で、首領の名前が蔡牽《さいけん》といいます。この艇盗の乱というのは、前後あわせて二

李長庚（りちょうこう）
一七五一～一八〇七。福建省同安県出身。一七七一年に進士及第した文官であるが、一七八一年に福建壇鎮総兵となったときに安南で阮氏《げんし》の叛乱があり、水軍をひきいて鎮圧したところから軍事に用いられることとなった。一七九七年以降、累進を重ねながら海賊の首領蔡牽と戦った。蔡牽は中国の南東海上に覇を唱えること十数年で、各武将も捕らえることができなかった海賊である。李長庚はよくこれと戦い、嘉慶帝《かけいてい》の厚い信頼を得ていたが、一八〇七年に浙江提督として蔡牽と広東潮州沖の海上で交戦中に戦死した。このように一国をあげて戦いながらも討伐できぬところに、当時の清の国力衰退と南海政策の破綻がみえる。『清史稿』巻三五六李長庚伝。

十年つづく大叛乱だったんです。特に初期のころは南方のベトナム王国と手を結んで、何かまずいことがあるとベトナムの領海に逃げこむというようなことをやっておりました。そこでまあ清も明とだいたい同じく、あんまり海上通商には熱心ではなかったんですけど、海上貿易をしたい人なんかも叛乱に加わって、追い払ったと思ったらまた集まってくると、そういう感じだったのです。で、ベトナムに逃げこんだり、あるいは台湾に行ってそこで叛乱を煽《あお》ったり、神出《しんしゅつ》鬼没《きぼつ》で活動をつづけていたわけですが、それを平定したのが李長庚でした。

李長庚は、大砲を備えた軍船をつくって、それでもって海賊を蹴散らしてまわります。ところが蔡牽を追いつめようとすると、どうも後ろから邪魔《じゃま》が入る。要するに海賊が役人に賄賂《わいろ》を贈って、李長庚の邪魔をさせるわけですね。そこでなかなか平定ができなかったんですけども、苦戦を重ねた末に、一八〇七年に至って蔡牽の大船団を撃破し、蔡牽らをわずか三隻まで討ち減らします。いよいよ捕まえるかというところだったんですが、蔡牽の部下が銃を放って、それが命中して李長庚は壮烈な死をとげます。その後二年たって蔡牽もとうとう捕まり、この大叛乱は終わりましたが、海上の大叛乱として、やっぱりこれは特筆すべきものですね。

そういう具合に大叛乱がいつまでもつづくというのは、やっぱりどこかで民衆の支持があったわけで、清朝の支配体制とか腐敗に対する民衆レベルでの不満というのが、このころずいぶん高まっていたということがわかります。

たとえば明亮なんかも、白蓮教《びゃくれんきょう》の乱などの平定に追われました。これも歴史的な大叛乱で、白蓮教というのは、十二世紀の中ごろからずっと中国でつづいている宗教ですね。これが清朝に対抗して大叛乱を起こして、明亮とか楊遇春なんかはそれを討伐するために走りまわらなければならなかったんです。そういう矛盾がどんどん蓄積していく中で、一八四〇年の阿片戦争になるわけです。

で、九五番の**関天培**《かんてんばい》という人は阿片戦争のときの有名な将軍です。

関天培（かんてんばい）

一七八一〜一八四一。江蘇省山陽県出身。一兵卒より立身した。一八三四年、折から風雲を告げる広東水師提督に任ぜられた。在任中は砲台の増築ならびに守備兵や巡視船の強化につとめる一方で『籌海初集《ちゅうかいしょしゅう》』四巻の編集をするなど、広東一帯の防備に心を砕いた。林則徐の阿片追放政策による英国との戦いのなかでも広東防禦に力をつくしたが、一八四一年虎門の戦いで戦死した。清末の軍人の多くはこのように力戦しつつも結局は国家建て直しができずに終わっている。『清史稿』巻三九関天培伝。

まあ阿片戦争は有名なので説明ははぶきますが、関天培はもともと清の水軍の兵士から提督になった人ですね。彼は阿片戦争のときに、だいたい広東《かんとん》一帯を守っていたんですけれども、虎門《こもん》というところに要塞があって、そこを守備していたところをイギリス軍の全面攻撃に遭《あ》いました。そして城内にイギリス兵が侵入してきたのに対して、この関天培は、剣をもって立ち向かい、数人を斬り捨てる。そうするとそこに一斉射撃をされて銃弾をくらったけれども、壁に寄りかかったまま動かないので、イギリス兵がおそるおそる近づいてみると、もう死んでいたといいます。弁慶《べんけい》の立ち往《おう》生《じょう》的な、非常に勇ましい話ですけども、やっぱり大砲や銃に対して剣では勝てないという、そういう冷厳な現実を象徴するような最期でした。ですから、大手柄をたてたというよりも、阿片戦争――歴史上、最もダーティな開戦目的を持った戦争――のときに侵略者と戦って死んだ人たちの代表として取りあげたわけですね。同じような人に陳化成《ちんかせい》がいます。

それから九六番の僧格林沁《センゲリンチン》です。

とにかく阿片戦争に敗れてからは、清朝はガタガタになって、もう政府の腐敗は進むばかり。叛乱も続出するばかりという中で、太平天国の乱が起こります。

センゲリンチンといいましたが、サンゴリンチンと呼ぶ場合もあります。これは実のところ事典でも両方が使われているので、どちらか一方に決めろといわれると困るんです。まあ、決めなきゃいけないからセンゲリンチンと呼ぶことにしますけど。

この人はモンゴル貴族で清につかえた人です。名門の出身で、代々モンゴル騎兵をひきいて清軍の中に重きを占《し》めていたわけですが、まず一八五三年に、太平天国の軍が北上して北京を衝《つ》こうとしたときに、モンゴル騎兵を指揮してこれを撃退しています。このときは太平天国軍がいつ北京を陥《お》としてもおかしくないという状況でしたので、モンゴル騎兵をひきいて戦況を一気に逆転させた僧格林沁の武名は、このとき天

僧格林沁（センゲリンチン）

？〜一八六五。サンゴリンチンとも呼ばれる。内蒙古の貴族出身で清に仕えた。道光《どうこう》帝《てい》の信頼が厚く、一八五三年に太平天国軍が北京近くまで進出したときは蒙古兵をひきいて奮戦した。その結果、太平天国軍の北伐は水泡に帰し、以後の崩壊への序曲となった。当時の清はいわば末期症状にあったが、よく忠誠をつくした。アロー戦争に際しては、一八五九年には大勝したが翌年には大敗している。多年の戦争により部下の蒙古兵を失い、一八六五年の捻党討伐の際に包囲されて戦死した。清帝国最後の時期、ある意味で空しい戦いをした将軍といえる。『清史稿』巻四一〇僧格林沁伝。

下に轟《とどろ》いたといわれています。

そしてその後、一八五八年に、第二次阿片戦争が起こります。アロー号戦争ともいいますが。

このときはイギリスとフランスの連合軍が、北京に攻め寄せてきたわけですが、このとき僧格林沁は砲台を守って奮戦した末に、イギリス、フランス連合軍を一度は撃退します。ただ再度の攻撃のときには火力の差でどうしようもなくて、敗れて引きあげることになりました。

そのとき僧格林沁がイギリスの外交官を捕まえて、それが口実になってイギリス・フランス連合軍がまたしても北京を攻撃します。円明園《えんめいえん》――乾隆帝《けんりゅうてい》がつくらせたヴェルサイユ宮殿そっくりの大宮殿ですね。イギリス・フランス連合軍はここに突入して火を放って焼きつくしたあげくに、その中にあった金銀財宝美術品を全部略奪してしまいます。ずいぶん虐殺もしました。もしこれが逆で中国軍がヴェルサイユ宮殿に乱入してこういうことをしたら何と書かれるかわかりませんけど、実際、イギリス・フランス連合軍は蛮行《ばんこう》のかぎりをつくしたんですね。でもイギリスやフランスの教科書は、自分たちの蛮行について口をぬぐって一字も書いていません。この点、日本の

清時代
（1644年～1911年）
清
天津
北京
太平天国軍進路
（1851～1864年）
南京
漢中
洛陽
福州
廈門
広州
金田村

教科書のほうがまだフェアですね。

さてその一方で太平天国の乱はずっと盛んになっていたので、僧格林沁《センゲリンチン》はその討伐に出かけますが、僧格林沁がいくらがんばっても、頼りのモンゴル騎兵に次々と戦死者が出るわけです。そうすると数は減る、補充しても兵士の質が落ちるという悪循環《あくじゅんかん》で、結局一八六五年に、叛乱軍と戦って彼は戦死しました。つまり、滅亡の淵に向かって進んでいる清の歴史を象徴するような人ですね。残念なことに勇気や古くからの用兵戦術だけでは、もうどうしようもないという感じになっています。

なお、僧格林沁を倒した叛乱軍の指導者が宋景詩《そうけいし》という人で、ゲリラ戦の天才です。彼はその後、一八七一年に清軍に捕らえられて処刑された――はずなんですが、一九〇〇年にひょっこり故郷に現われた、という目撃談があります。真偽《しんぎ》のほどはわかりませんが、貧しい農民のために戦いつづけたヒーローといえますね。

それから、九七番の李秀成《りしゅうせい》、九八番の石達開《せきたつかい》にいきましょう。どちらも太平天国の人です。

太平天国についても、これはずばり『太平天国』というタイトルの陳先生の名作がありますので、それを読んでいただくのがいいと思いますけども、まあいちおう形としては、洪秀全《こうしゅうぜん》という人がキリスト教を信仰して——というより、どうも変な具合《ぐあい》にかぶれて、キリスト教の結社をつくり、それが叛乱の母体になったと、そういうことですね。

清朝の打倒というほかに、男女平等を唱えたり、いろいろと改革らしいことをやってはみたんですけども、いまひとつ徹底しなかった。なにしろ、神様が乗り移って口移しにお告げをするという感じで、やっぱり西欧列強からは、まともなキリスト教とは認められなかったのです。それでも全体としての指導力が優れていましたし、清軍

洪秀全（こうしゅうぜん）
一八一四〜一八六四。広東省花県出身。太平天国の最高指導者。中農程度の客家の出で、科挙を目指して失敗を重ねた。二度目の受験のときにキリスト教を知り、三度目の失敗で失意の余り四十日間病に臥しているあいだに、天で金髪黒衣の人物から剣を授かる夢を見た。ここで自らをエホバの子、イエスの弟と確信し布教を始める。多くの信徒を獲得し急激に成長したが、一八五〇年、金田村《きんでんそん》において蜂起。一時は南京を占領して天京と称するほど勢力を得たが、政府軍の巻き返しによって崩壊し、自らは自殺する。その信仰はキリスト教の教義と一致するものではないが、多くの革新的改革を行なったことは注目される。『太平天国』巻一。

はすっかり弱くなっている。それで一時は中国の南半分を占領して南京に入城して、そこを首都とする。洪秀全は天王《てんのう》になるわけですが、そのあたりでもう堕落が始まって、洪秀全はすっかり贅沢《ぜいたく》な暮らしに溺れるようになっていきます。

太平天国はそれまでは非常に団結していたんですけども、内部で権力争いが始まって、幹部が殺し合いを始めてしまいました。そこで九八番の石達開《せきたつかい》は、最高幹部のひとりとして、何とか殺し合いをやめさせようとしたんですが、結局できなかった。かえって自分が殺されそうになって、脱出するわけです。その後一時的に殺し合いがおさまると、石達開が天王洪秀全の補佐役に任じられて丸くおさまるかに見えたんですけども、今度は洪秀全の一族というのが石達開をきらいまして、追い出しにかかります。自分たち一族だけで権力を握ろうとして、そういうことをするんですね。

石達開という人は、とにかく死んだのが三十三歳のときなんですよ。二十歳そこそこで太平天国の指導者のひとりになっています。若いですね。この人は、母親が少数民族です。父親は漢族ですけどね。わりと豊かな家の出身で、教養もあったし、太平天国最高の戦術家といわれて、何度も清軍を破っています。それで人柄も穏やかで人望もあったものですから、放っておいたら権力も権威も石達開にいってしまうということで、危機感を持たれて追い出されたわけですね。それで石達開もすっかり嫌気《いやけ》がさして、自分自身の部下をひきいて太平天国を離脱してしまいました。そしてずっと長江の上流のほうに軍を動かしていって、どこかに自分の根拠地をつくろうとしたんだけれども、もうそのときは清軍の勢力が回復していて、どこへ行ってもうまくいかず、結局追いつめられて全滅してしまうんです。今でも中国の西南部に住んでいる少数民族からは、関羽に匹敵する人気があるといわれていますね。

で、九七番の**李秀成**《りしゅうせい》という人は、幹部が殺し合ったあげくに石達開は離脱して、すっからかんになった太平天国を支えた人です。李秀成ともうひとり**陳玉成**《ちんぎょくせい》という

石達開（せきたつかい）

一八三一～一八六三。広西省貴県出身。客家の出身で、洪秀全らが布教にきたときに上帝会に入会した。一八五〇年以降一族をあげて参加し、金田村の蜂起の際に五王のひとりに封ぜられ、以後中心的活躍をしていく。名将の素質があり、多くの戦いで勝利するとともに善政をしいた。清朝側の討伐軍をひきいた曾国藩もまた石達開には苦杯を嘗《な》めている。太平天国軍内部に争いが起こると巻きこまれて一族を殺されたうえ、天王洪秀全にも妬《ねた》まれて離脱し、独自の行動を取るようになる。貴州や雲南を転戦したのち大渡河で増水と清軍の攻撃に苦しんで降伏し、四川で斬られた。『石達開自叙』。

人がいまして、この人は若いも若い、非常に勇敢な人で、ずいぶん手柄をたてましたけど、清軍に敗れて処刑されたとき、わずか二十五歳です。

その後、清朝が諸外国の力を借りて太平天国を追いつめ、最終的に首都の南京も包囲されていよいよ落城ということになります。それまで李秀成は戦争と政治でずっと太平天国を支えてきたんですが、天王の洪秀全《こうしゅうぜん》はあきらめて自殺してしまいます。そして南京が陥落したときに、李秀成は洪秀全の息子を抱いて脱出しましたが、結局捕われてしまいました。

捕われた後の李秀成の態度というのが、陳先生に教わったんですけども、かなり情けないもので、なんかもう、おべっかを使って命だけは助かろうとしたと、そういうことなんです。李秀成という人に対してはなかなか歴史上の評価が定まっておりません。最後まで太平天国を支えた英雄であるという、そういう見方もありますし、最後の最後におべっか使って自分だけ助かろうとした卑怯《ひきょう》者だというような見方もあるし、いや卑怯だといわれるのは、清側の宣伝なんだという説もある。いろいろ評価がむずかしいところですが、陳先生のお話をうかがうと、どうやら最後の最後に、やっぱり情けなく命乞《いのちご》いをしたような感じですね。

ですから非常に厳しいことをいうと、南京が陥落するときに自殺でもしていれば名声を保てたんでしょうけど、まあそこが、なかなか人間みな英雄にはなれないわけで、最後に人間の一番弱いところがさらけ出されてしまったと、そういうことなんだろうかなと思います。こうしてみると、やっぱり文天祥《ぶんてんしょう》という人はえらい。ちょっと凡人にはまねできませんね。ぼくはずっと子供のころ物語世界史の本で、李秀成という人は、太平天国を支えて最後までがんばった名将である、という文章を読んでたもので、気分が複雑です。できたら、立派な最期を遂《と》げてもらいたかったな、みたいなミーハーな気分もあります。屈辱《くつじょく》に耐えて生きのびて再起をはかるつもりだったかも

李秀成（りしゅうせい）

一八二三〜一八六四。広西省藤県出身。太平天国後期の指導者。貧農の出であったが、二十六歳のときに一家をあげて洪秀全の上帝会に入った。金田蜂起ののち軍に身を投じて活躍し、軍事を掌握するまでに至った。一八五八年には江南大営の包囲から南京すなわち太平天国の首都天京を救って忠王になった。以後も転戦するが、次第に追い詰められて一八六四年の洪秀全自殺と天京陥落にたちあった。幼天王を逃し山中に隠れているところを捕らえられ、曾国藩のもとに送られて南京で斬られた。羅爾網『太平天国史稿』一九五七年。

しれない、とも思いたいんですよ。また勉強して、埋もれていた名将が見つかったら、李秀成ははずすことになるかなと、ちょっとそのへん、自分でも決めかねています。いま変えるとしたら、同じ清代の人ということで策棱《ツェリン》あたりになるかなあ。あるいは清仏戦争で勇戦した馮子材《ふうしざい》……。

さていよいよ最後になりました。九九番の劉 永福《りゅうえいふく》です。この人も実に波瀾万丈《はらんばんじょう》な人生を送った人です。もともと中国南部の貧しい家に生まれました。それでだいたい子供のころから働いていましたが、両親とともに流民になってあちこちさまよい歩いていました。そういう放浪生活の合間《あいま》に父親から武芸を教わったといいますから、単に貧しい庶民というだけではなかったような感じですね。まあ、武門の家柄がおちぶれたということだったかもしれません。

十七歳になると両親が死んでしまって天涯孤独《てんがいこどく》になりますので、そのときにどうも太平天国の分派あたりに入ったような形跡もあります。ですが、太平天国の乱当時には若くて下っ端《したっぱ》で、特に何という功績があるわけでもありません。その後は盗賊みたいなことをしていたようです。そのうち、その盗賊の親分に従ってベトナムに行きました。でまあ、ベトナムにいて傭兵《ようへい》みたいなことをしていたんですが、三十歳のときに独立して黒旗軍《こくき》というのをつくります。そしてこれはベトナムの王室に対する傭兵部隊みたいなものでもありましたけども、一方では半分山賊みたいなもので、ちょっと中途半端な性格だったみたいですね。

ところがその後ベトナムはフランスの侵略を受けます。そして一八七三年にフランスの大軍がハノイを占領して、さらに奥地まで進んできました。ベトナム軍は負けっぱなしなんですけども、このとき劉永福ひきいる黒旗軍が、数も多ければ火力も強い、

劉永福（りゅうえいふく）
一八三七〜一九一七。欽州（広西壮族自治区欽州市）出身。貧農の家に生まれたが、父に武芸の手ほどきを受けて武人に成長した。早くに両親を失い苦労をしたが、二十一歳で天地会に身を投じて活動を始めた。太平天国の乱が終わると追及をさけて逃亡生活に入る。一八六五年にベトナムに入り、一八六七年黒旗軍を組織してベトナムの阮朝と協力しつつ地盤を築いた。その行動論理は排外活動に終始し、安定した拠点をつくることなく折にのぞんだ行動をした。ベトナムや清朝との関係も終始一貫せず、ひたすらフランス・日本などに抵抗を続けた。一九一五年の二十一カ条の要求にも激しく反発したが、具体的行動にうつる前に死亡した。ときの権力に逆らう一方で、侵略勢力との抗争を貫いた一生であった。『清史稿』巻四六九劉永福伝。

圧倒的なフランス軍と戦って、これを撃滅して、総司令官のガルニエ将軍という人を戦死させてしまいます。

その戦術というのは――とにかくフランス軍というのは火力がすごいですから、正面から戦っても絶対に勝てない。こちらはせいぜい旧式の鉄砲くらいしかないですから。そこで使った戦法というのが、最初にちらちら姿を見せておいて、フランス軍を引きこむわけですね。平野からどんどん山間部に引きずりこんでいく。そこであらかじめ待ち伏せていた全軍がいっせいに起《た》って、いきなり白兵戦に持ちこんだのです。それでガルニエ将軍というのはたぶん真っ二つに斬《き》られて死んだんじゃないかと思いますけど。それまで勝ち誇っていたフランス軍は撃滅される、総司令官までもが戦死するという大惨敗だったわけです。

そのことは世界中に轟《とどろ》いて、その当時日本の新聞が――もう明治六、七年のことです。日本はもちろん、まだヨーロッパに勝ったことは一度もないわけです。薩英《さつえい》戦争なんかがあって、薩摩藩がイギリス軍にこてんぱんに負けたという記憶がまだ新しいころです。アジアの軍隊がはじめてヨーロッパの軍隊に勝ったというので、日本の新聞が大喜びして、劉永福《りゅうえいふく》のことを、諸葛孔明《しょかつこうめい》と楠木正成《くすのきまさしげ》を足《た》したような戦術の大天才である、と誉《ほ》めまくっています。

こうしてフランス軍は撤退を余儀なくされました。それからちょうど十年経《た》って、一八八三年にフランス軍はまた大軍を組織してベトナムにやってきます。まあ、ベトナムから全部引きあげていたわけじゃないけど、とにかくまた本格的な侵略を始めたのですね。そこで劉永福はまたそのフランス軍と戦いました。またしてもこれを全滅させて、司令官のリヴィニール将軍という人を戦死させます。このときも使った戦法としては最初のときと同じようなものなので、これは、のちのベトナム戦争に至るまで結局同じですね。もう火力対火力では絶対に勝てないから、地形の複雑なジャングル地帯に引きずりこんで、いきなり白兵戦に持ちこむというやり方です。その戦法がもっとも有効だということは、歴史によって証明されているわけですね。

こうして劉永福はいわばアジアの英雄になったわけですけど、結局その後ベトナムがフランスに屈伏して、フランス軍の要求で劉永福は追放ということになりました。そこでしかたなく清にもどったのです。清にもどったら英雄ですから、清朝に取りたてられて将軍になるんですけど、清仏戦争、清とフランスの戦争が起こったときにも、劉永福は各地に転戦して勝ちます。あちこちで勝つんですけど、やっぱり清仏戦争全体としてはフランスが勝つわけです。それでまた清朝とも折り合いが悪くなって、やめるということになりますね。

その後、一八九四年に日清戦争が起こると、彼はそのとき台湾の防衛司令官になっています。そして日清戦争が終わると、台湾は日本に割譲《かつじょう》されて日本軍が進駐《しんちゅう》してくるんですね。それで日本軍が降伏しろというんだけれども、劉永福は、嫌だといって抵抗をつづけるわけです。その後、清朝からもうるさくいわれて、しかたなく台湾から引きあげます。その後ずっと長生きしますが、一九一五年に日本の大隈重信《おおくましげのぶ》内閣が、あの悪名高い二十一カ条の要求を中国に突きつけます。第一次大戦で欧米列強がアジアにかまっていられない隙をねらったもので、中国は日本の事実上の植民地になってしまえ、というひどい要求です。司馬遼太郎《しばりょうたろう》さんは講演の中で、「中国の主権も領土権も何も考えない、泥棒、強盗、ハイジャックのような要求」と評しておられますが、「司馬さんのような後世の心ある日本人が胸を痛めずにいられないようなことを、当時の日本政府はやってのけたのです。

そのとき、劉永福はもう七十九歳でした。非常に怒って、義勇軍をつくって日本軍と戦おうとするんですけども、その計画をたてて、実行に移す前に、まあ、いい歳ですから死んでしまうんです。死ぬときに、自分は同じ中国人と戦ったことはない、やっつけたのは外国人だけだ、といって息を引きとるんですね。

で、この人を思想的にどうとらえるかというと、非常に健全なナショナリズムの代表だったかもしれず、あるいは旧式の排外主義者でしかなかったのかもしれません。でも、とにかく一生をヨーロッパとか日本とか、中国やベトナムを侵害しようとする外国勢力と戦いつづけて、誇り高く死んでいった人ですね。とにかく長生きして一九一七年まで、第一次大戦の最中まで生きてますから。

これ以後はもう、中国史も完全に近代史の時代に入って、旧式の武将の活躍する余地はなくなります。近代的な軍官《ぐんかん》学校ができて、新しい時代が始まる。苦悩に満ちた再生の時代です。そこで、いわば中国の武将たちの一番最後の生き残りということで、この劉永福を語らせてもらいました。この人以後はもう軍人という感じで、武将という感じではなくなりますね。

というわけで、まあもともと冗談から始まった企画をこうして本にしていただくのは非常にありがたいことですけども、こちらの知識不足、あるいは歴史上の人物に対する評価が必ずしも定まっていないところもあって、非常に垂れ流しということになったのではないかと思って恐縮しております。中国史に関しては本来まったくの素人《しろうと》なんですけども、それが好きで雑多に読んできた人間の、今までのまとめみたいな感じでやらせていただきました。十年どころか、二十年早いな、と思って、身のちぢむ思いもしておりますが、ひとりでも多くの人に読んでいただければ幸いです。ただ、中国の歴史や人物について本が出ると、ビジネスの参考書としてとらえられる風潮がありますけど、この本はそういったものの役には立ちません。歴史を物語として楽しみ、個性的な群像に親しんでいただければと思います。

どうも、ありがとうございました。

おわりに

ぼくは結局ホラ吹きの小説家ですから、こうして歴史を見ていきますと、やっぱり歴史事実とフィクションの関係なんかについて、いろいろと考えることがあります。以前に必要がありまして現代人名辞典みたいなのを買ったことがあります。ところがそれを買ったあとで気づいたんですが、それがわりと左翼的な見解で統一されていたもので、その当時の日本の作家たちについて書かれたところを読みますと、井上靖さん、山岡荘八《やまおかそうはち》さん、司馬遼太郎さん、海音寺潮五郎さんといったあたりが、みなまとめて悪口が書いてあるんです。

どういうことかというと、彼らは民衆不在の作品を書きつづけている、といって非難されているんです。「民衆不在」の四文字が、いかにも、という感じですね。つまり、彼らは英雄だけを書いて民衆を書かないのだ、と。それを民衆不在と決めつけているわけですけれども、では、そういった人たちの本が売れて、民衆に支持されているということについてはどうなのかなということを、ぼくなんかは思ったわけです。

まあ、ビジネスマン向けの処世訓《しょせいくん》の匂いが強すぎる作品もあって、そういうものは確かにぼくなんかも苦手なんですけどね。民衆がヒーローを求めるという心情はまったく無視されているんだなあと感じて、左翼的な歴史観というのは、これは絶対に多くの人の支持は得られないだろうなあと、そのときしみじみ思いました。

内容もですが、「民衆不在」の四文字さえ振りかざせば、それぞれの作家の作風も業績もまとめて否定してしまえるんだ、といわんばかりの態度が、さらに嫌《いや》でしたね。左翼独裁政権ですとこれがさらにエスカレートして、「反革命」の三文字で作家たちを抹殺していくことになるんでしょう。

まあ左翼ばかりではないですね。このごろは自分とちがう歴史の見方に対して「自虐史観」とか「反日史観」とかおぞましいレッテルをはって排撃しようという人たちも出てきました。右であれ左であれ、徒党を組んでレッテルはりにいそしむような行為には荷担《かたん》したくないものです。そういうことが流行すると、つぎにくるのは焚書《ふんしょ》ということになりかねませんからね。劉《りゅう》大夏《たいか》みたいに。

まあそれで、今回はいかにもヒーローばかりを追いかけた気もしますけども、たとえば李《り》秀成《しゅうせい》のように、最後の最後になって人間的な弱点をさらけ出してしまった人もいますし、似たような場合で韓信《かんしん》にしても、これだけ戦場で優れた判断力を示した人が、どうして戦場を離れるとこんなに甘い情況判断で身を亡ぼしてしまうんだろう、というようなことも考えさせられます。

みながみな成功した人ばかりではありません。むしろ悲劇的な最期をとげた人が多くて、そういった意味で、名将という言葉を使いましたけど、そもそも名将とは何なのかということまで考えていくと、もうだんだんと名将の定義自体が曖昧《あいまい》になってきます。ただこれまでにずっと中国の小説とか歴史書なんかを読んできまして、今日《こんにち》まで名声を残している人というのは、民衆を害さない、兵士をかわいがるという、結局のところ、そこに尽きてくるのかなという気がします。

なにしろみな武将でして、武という面を通じて中国史を見ていったものですから、女性の登場は少ないし、けっこう殺伐《さつばつ》としたエピソードが多いんですけど、それでもまだ語りたい人はたくさんおります。残念なことに全然こちらの勉強が足《た》りなくて、未《いま》だに埋もれてしまったままの人もいますが、幸いこのような機会も得られたことですから、あまり日本人に知られていない人を中心に喋《しゃべ》ってまいりました。これが中国の小説や歴史を楽しむ上で、多少なりと、参考というのは非常に大それたいい方ですが、いくらかでもそういうお役に立てればと思います。

百人以外の武将で、こういう人を取りあげたいという話を、「私撰中国歴代名将百人」の文章の中でいたしました。その中でやっぱり抜け落ちた人がいまして、宋の劉錡《りゅうき》という人はいちおう語りましたけど、非常に戦術に優れた人で、金の宗弼《そうひつ》の大軍が攻めてきた。何度も撃退した末に城門を開いてじっとしていたら、宗弼は何か計略があるに違いないと思って引きあげていったという話があります。これは、三国時代の蜀《しょく》の趙雲《ちょううん》もやったやり方なんですけど、非常にそういう具合に戦術に優れた人だったといわれています。

また、中国の民間信仰の神様に劉猛《りゅうもう》将軍という神様がいます。

お話ししたと思いますけど、中国の神様というのはだいたい生前から民衆に人気のあった人や、悲劇的な最期をとげた人がなります。これは日本でも菅原道真《すがわらのみちざね》が天神様になるようなことがありますけど、劉猛将軍という神様、これはどういう存在かというと、イナゴの害から田畑を守るという、そういう神様ですね。そういう有名な神様ですから、実在した劉という苗字《みょうじ》の人の中に、モデルはこの人だろうといわれる人がいるんですけれど、その中のひとりが劉錡ということになっております。劉錡という人は、戦略的に撤退したのを、戦わずして逃げ出したというようなとらえかたをされて、非常に不本意な死に方をした人ですね。ですから、そういう悲劇的な死ともあいまって、生前には非常に民衆に慕われていた人ですから、神様になっても不思議はないということです。

それから隋の沈光《しんこう》という人の名前をあげました。この人は隋の煬帝《ようだい》のころの武将なんですけども、煬帝が高句麗《こうくり》遠征をしたときに、一兵士として志願して従軍しまして、非常に超人的な武勇を現わしました。この人には肉飛仙《にくひせん》という綽名《あだな》がありました。要するに仙人。仙人は空を飛ぶものですけれど、それは生身の肉体で飛ぶのではない。いちおう解脱《げだつ》といいますか、超俗してから後、飛ぶわけですけれど、この人は生身の肉体を持ったまま空を飛ぶ超人と、そういう綽名をつけられたのです。非常に身が軽くて、たとえば城を攻めたとき、地上二十メートルくらいの高さの梯子《はしご》の上から転落したんだけれど、その梯子にかかっている紐《ひも》を空中でつかんで、優雅に地上に降りたというような話があります。それで、非常にスマートな、ハンサムな人で、当時、街の芸者さんたちにたいそうもてたといいます。この人はずっと煬帝の親衛隊にいたんですけども、よく知られているように煬帝は政治を乱したあげくにすっかり人望を失って、臣下たちが総決起して謀反《むほん》を起こしたので、それで殺されたわけですね。そのときに沈光はその場にはいなかったんですけれど、謀反人たちが十万の軍で引きあげていこうとする。そのときにわずか数百の兵をひきいて斬りこんでいき、謀反の首謀者のひとりを討ち取った末に自分も斬り死にしたといわれています。歳わずか二十八です。そのときは奮戦して、ずいぶんたくさんの敵を倒したそうですけど、沈光の死を聞いて——その当時、煬帝がいたのは揚州《ようしゅう》の街でしたけど——揚州中の芸者が泣いたといわれています。〔註・田中芳樹著『風よ万里を翔けよ』（小社刊）〕

ですから、非常な快男児で、ぼくは好きなんですけども、今回は快男児列伝ではなくて名将列伝ですので、沈光という人は大軍を指揮統率したことがないということで、残念ながら本文では割愛《かつあい》いたしました。でも、こうして余談という形で、結局は語らせていただきましたけど。

それから、宦官《かんがん》でありながら勇将として知られる人に、宋の秦翰《しんかん》と前秦の張蚝《ちょうし》の名をあげました。

中国で出版された宦官伝によりますと、秦翰は西暦九五二年に生まれ、十三歳で宮中に入ったそうです。容姿も性格もおだやかで他人に好かれましたが、戦場では別人のように勇猛だったそうで、ちょっと北斉の蘭陵王《らんりょうおう》を思わせますね。生涯、戦場に出ること四十九回、二度にわたって契丹《きったん》の軍を大破し、勇名を馳《は》せました。あるときなど、七十日以上も甲冑《かっちゅう》をぬがずに敵と戦いつづけたといわれます。急死したとき、多くの兵士が泣いたといいますから、やはり人望のあった人なのですね。

もうひとり、張蚝のほうは、淝水《ひすい》の戦いで大敗した前秦の君主、苻堅《ふけん》ですね。この人につかえて武勇絶倫《ぜつりん》と称されていたそうですが、今のところそれ以上のことがわかっておりません。この人についてはもっと勉強したいと思っています。

苻堅に関していいますと、もうひとり、苻融《ふゆう》という人がいます。苻堅の弟です。兄弟でも権力をめぐって殺しあうような時代でしたが、苻融は兄とたいへん仲がよく、信頼されていました。頭脳明敏《めいびん》で、仏教に関して道安《どうあん》と論戦して勝ったほどです。謀略にも用兵にも優れ、しばしば大功を立てました。貧しい人々を救うことに熱心で、兵士をかわいがったそうです。王猛《おうもう》と、この苻融とで、苻堅の政治を支えていたわけですね。

苻堅が東晋《とうしん》を亡ぼすために南征しようとすると、苻融はそれに反対します。王猛の遺言を忘れたのですか、といったのですが、苻堅は聞きいれませんでした。しかたなく苻融も南征に参加し、淝水《ひすい》の戦いで壮烈な戦死をとげます。突入してきた謝玄《しゃげん》、あるいはその下にいた劉裕《りゅうゆう》あたりと、彼か張蚝が一騎討ちしたかもしれませんね。

この他にまだまだ語りたい人はいくらでもいまして、ほんとうに際限がありません。つぎの機会、というのがいつのことになるやら見当もつきませんが、機会を得て紹介させていただければ、と思います。

そしてもうひとつ。じつはずいぶんとずうずうしいことを考えているんですよ。今回とりあげた人々のうち、日本人の手で小説化されていない人物がまだまだたくさんいます。「中国四千七百年の歴史、他の人と同じ時代や素材をあつかうのはつまらない」という覇気と意欲を持った人たちに、彼らを小説化していただければなあ、と思うのです。

お前自身はどうなんだ、といわれると、精一杯やってみますとお答えするしかないのですが、ぼくひとりでとても書きつくせるものでないことは明らかですからね。日本人作家で、李密《りみつ》を主人公にしたのは狩野《かのう》あざみさんだけですし、秦良玉《しんりょうぎょく》や狄青《てきせい》を主人公にしたのは井上祐美子さんだけです。日本でただひとりなんですよ。だからお名前を出したんですが、この人たちにつづく作家の出現を、心から待望しております。かつて日本で書かれる中国歴史物といえば、史記と三国志にかかわるものだけという印象でした。井上靖、陳舜臣という巨匠たちによって、他の時代、他の素材へと向かうドアが開かれました。あとにつづく者がないばかりに、せっかく開かれたドアが閉ざされてしまうとすれば残念ですし、第一えらくもったいないことだなあと思うのですが……。

それと、思い出したので、ここで必読の本を紹介させていただきます。といっても出版予定は九七年以降で（文庫版註・二〇〇〇年以降になりそうです）、題名も未定で、しかも他社の本なんですが。早稲田大学の岡崎由美先生と土屋文子さんが講談社の雑誌『歴史ピープル』に連載しておられた文章をまとめたもので、『楊家将演義』をはじめとして中国の有名なおもしろい歴史・時代小説がたくさん紹介されています。「たまには三国志以外のものについて読ませてくれ」という方、必読ですよ。それにしても、このごろ中国歴史物に関しては、創作の分野でも研究の分野でも、女性の方に進取《しんしゅ》の姿勢が目立ちますね。どうも男性のほうが旧来のせまい世界にとじこもっているような気がしますが、他人事ではなくて反省材料ですね。

今年はとにかく司馬遼太郎さんが亡くなられて、歴史小説界はそれだけで話題持ちきりという感じでした。司馬さんの――さっきから、非常になれなれしいい方をしているんですが、ちょっと他にいいようがないので、これで失礼させていただきます。でもって、司馬さんの傑作のひとつでぼくも好きな作品に『関ヶ原』というのがあります。政界で生き残ろうとする人はこれを読むべきだ、なんて意見をぼくは見たことがありますけど、そういう具合に歴史小説とビジネスや処世術の教科書との区別もつかないような意見はいちおうこちらによけといて……。

『関ヶ原』がなぜ傑作であるかという、ぼくなりの意見を述べさせていただきますと、石田三成《いしだみつなり》、直江兼続《なおえかねつぐ》、それと島左近《しまさこん》という三人について、非常に魅力的な虚像をつくりあげたという点にあると思います。

歴史小説の使命というのは、実像を暴《あば》くことではありませんね。ときどき、実像を暴く小説なんて出版広告があって、どうもこれは矛盾があるんじゃないかと思うのです。実像を暴くというのは学問やノンフィクションの仕事であって、歴史小説の使命――というのもおおげさですが、存在意義というのは、魅力的な虚像をつくるということにあるんじゃないかと、ぼくはずっと思っていました。ですからその意味で『三国志演義』などは大傑作というしかありません。ただあくまでもフィクションですから、読者のほうが史実との区別をつけながら読んだほうがいいということです。

ここでひとつ思い出しました。上巻で述べた、諸葛孔明《しょかつこうめい》が魏延《ぎえん》を司馬仲達《しばちゅうたつ》もろとも焼き殺そうとしたという話ですが、正確にいいますとこれは『弘治本《こうじぼん》』と呼ばれる古い版にはちゃんと載《の》っています。それが『毛宗崗本《もうそうこうぼん》』と呼ばれるあたらしい版ではなくなっています。いくら何でもこの話はまずい、ということで編者が削除したんですね。このあたりの事情は、岩波文庫の『三国志演義』第九巻の注に記してあります。

話をもどしますと、石田三成というのは、そうとうに嫌なやつなんですね。どう嫌なやつかというと、校長先生お気に入りの風紀委員長といえば、現に委員をやっている人には失礼ですが、やっていない人たちにはかなりよくわかっていただけるかと思います。もっと嫌ないい方をすると、虎《とら》の威《い》を借《か》る狐《きつね》ですね。バックに強大な権力を持った人がいて、その人のバックアップを得て初めて能力を発揮できるというようなタイプです。石田三成はたとえば千利休切腹事件とか豊臣秀次一族の皆殺し事件なんかにもかなり主体的に関わっておりまして、正義感だけで行動しているような人ではありません。

有名な話ですが、あるとき三成が杖を落とします。ちょうど通りかかった徳川家康が自ら杖をひろいあげて三成に差し出すと、三成は無言でそれを引ったくって、そのまま行ってしまいました。三成びいきの人にいわせると、たった十九万石の三成が二百五十万石の家康にへつらわなかった、三成は偉い、ということになるのですが、これは単に三成が非常識で礼儀知らずだったというだけのことでしょう。落としものを人にひろってもらって礼もいわないんですから。そもそも三成は孤立した十九万石の小諸侯というわけではなくて、バックには秀吉の強大な権力があるのです。だから家康の家臣たちも、歯ぎしりしながら三成に手が出せなかった。そういう三成が司馬さんの筆にかかると、非常に不器用なほどに正義感の強い、清潔な人間像という形で浮かびあがってくるのです。

それから直江兼続ですけども、この人は実際に何をやったかといいますと、上杉百二十万石を三十万石に減らしたということだけですね。石田三成と協力して家康を引きずりだして、東西から挟撃するという壮大な戦略をたてたということになっていますけれど、この戦略は家康が関ヶ原に向かって引きかえしていくときに、バックから上杉勢が襲いかからなければ、一文の値打ちもないわけです。実際にそうでしたね。ですから、家康が大軍をひきいて引きかえしていく。それを上杉勢がぼうっと見送っている。そして、関ヶ原の戦いがすむと、直江兼続は「勝敗は問題ではない、正義のために家康を討つ」といっていたはずなのに、へいこらして三十万石だけ保《たも》つ。そのあげくに十五年後には、上杉勢は大坂城攻めに加わって、大恩あるはずの豊臣家を亡ぼしているんですね。福島正則《ふくしままさのり》なんかは家康に警戒されて、江戸に抑留されているんですから。上杉家は警戒されていなかったということです。

それから島左近です。この人は実際何をやったかというと、関ヶ原で奮戦したことは確かなようですけれど、結局そういう地域的奮戦をしただけで、それは全体の勝敗の帰趨《きすう》に何ら寄与《きよ》したわけではありません。大坂夏の陣の真田幸村みたいに、家康の本陣に突っこんで追いつめたというわけでもないのです。

というわけでこの三人、実際にははっきりいって全然たいしたことないんですけども、それが司馬さんの筆にかかると、家康に匹敵するような才能と魅力を持った人物として造形されるわけです。ぼくたちは関ヶ原の戦いの後に、家康が豊臣家を亡ぼすためにいかに悪辣《あくらつ》な手段をとったかということを知っていますから、もう関ヶ原の戦いの時点から家康は悪いやつだという先入観を持って見てしまうんですけど、あの当時の人にそんなことはわかりませんね。とにかく豊臣秀吉というのは、日本人として一番人気があるといっていいキャラクターですけども、天下統一後の豊臣政権というのは、日本史上最悪の政権だといっていいと思います。ひとつには、無意味な外征をする。ひとつには重税ですね。これは江戸時代よりはるかに重い税を農民に負担させています。それを計画立案したのが五奉行のひとり長束正家《なつかまさいえ》で、実行したのが石田三成ですね。それから三番目には弾圧粛清《しゅくせい》。豊臣秀次の一家、お妾《めかけ》だけで何十人もいたというんですが、それから小さな子供にいたるまで皆殺しにしている。普通、戦《いくさ》をやっても、小さな子供、特に女の子なんかは命を助けるものです。大坂の陣の後、家康は秀頼の子供のうち男の子は殺していますが、女の子は尼さんにして命を助けていますね。戦でもそうなのに、平時にそういうことをやった権力者というのは、ほかにいません。そして最後に、無益な大土木工事。以上の四つを同時並行してやってのけたのは、日本史上、豊臣政権だけです。秀吉というのは、おそらく日本史上ただひとり、隋の煬帝《ようだい》のような中国的暴君になる資質を持った人だったのです。

それで秀吉の死後に——そのころはもう前提として秀頼の跡取りというのはあったわけですね。ですから幼少の秀頼を補佐する重臣を誰にするかということで、家康と三成のどちらをとるかということになります。まあ三成をとったんでは、結局のところ今までの政策が推進されるだけですから、これじゃたまらんと思っている人は、家康につかざるを得ないわけですね。関ヶ原の戦いというのは、もちろん徳川対豊臣という意味の戦いではありません。実のところ、家康派と三成派の戦いですらないんです。アンチ三成派とアンチ家康派の戦いなんですよね。つまり、東軍についた諸将、福島正則なんかはべつに家康に天下をとってもらおうなんて思っていなかった。三成に天下をとられてたまるかと思ったから東軍になったし、西軍の宇喜多秀家《うきたひでいえ》だって、べつに三成に天下をとってほしいなんて思っていない。家康にとらせてたまるかというので戦ったわけです。

特に東軍に参加した諸将の場合、動機に「恐怖」があったと思います。石田三成が天下をとったらどうなるかという恐怖です。たとえば細川忠興《ほそかわただおき》などは、千利休の弟子で、関白秀次の友人でした。秀次が一家皆殺しにされたとき、忠興も三成によって粛清されそうになり、家康を頼ってようやく助かるわけです。ですから三成が天下をとるというのは忠興にとっては悪夢というしかない。生きるために家康について必死に三成と戦うしかないわけで、勝って大諸侯になったというのは結果でしかありません。

　これを、「三成をはじめとする西軍は豊臣家のため戦った正義派だ。東軍の諸将は豊臣家の恩を忘れ、利をむさぼるために家康についた」と決めつけるのは、ずいぶんと粗雑な意見だと思います。そもそも天下は豊臣家の私有物ではありません。むろんこの逆に、家康が正義の味方ということでもありませんけど。

　それにしてもやはり関ヶ原の戦いというのは、やっぱり日本史上最大の――不謹慎ないい方をすれば――イベントで、そこに焦点をあてて関ヶ原ものというジャンルをつくっただけでも、あの作品はやっぱり記念碑的な傑作だなと思うわけです。


　どんどん脱線してきて日本史の話になってしまいました。これで西洋史の話まで始めた日には、永遠に終わりそうにないので、ほどほどにしておきたいと思います。

　歴史小説というのは、やっぱり魅力的な虚像をつくるものだと、ぼくは繰りかえし申しあげたいのです。むろんこれはぼくひとりの考えでして、それを他の人に押しつけようなどと思ってはおりません。ただ自分自身では、歴史小説とは虚像をつくることだといい聞かせて、自分の書いているこれが実像だぞという思い違いだけはしないようにしたいと思います。

（一九九六年盛夏　軽井沢にて）

蛇足——文庫版あとがきに代えて

このたび、『中国武将列伝』が文庫化されることになりました。それにともないまして三年前に出た本の補足といいますか、文庫を出すにあたっていろいろと、つけ加えたいことなどをちょっと述べさせていただきます。

ハードカバーで出た本が文庫になる、もう三年経ったのかと、ずいぶん早い気もします。私にしてみるとまだちょっと早い、まだ勉強が行き届いていないと思うので、ちょっと焦《あせ》っているところもあるのですが、結局この『中国武将列伝』については、もう一生勉強ということで、とりあえず文庫版に際して、その後の勉強の成果を――それほどあがっているとも思えないんですが――喋らせていただきたいと思います。

そもそもの最初から予防線をはっておりますけれども、中国武将列伝、名将百撰とはいいましても、九十九人に抑えております。そしてその九十九人についても、今後勉強次第で何人か入れ替えがあるであろうというようなことは、最初から申し上げているのですが、今回伏線が役に立ったようですね。まだまだ勉強不足で、当然最初から取り上げるべき人を取り上げてなかったとかいうことが多々ありまして、そこらへんをやや言い訳がましくやっていくことになるかと思います。

私が『中国武将列伝』を本にしていただいてから後——中公さんではありませんが、別の出版社（祥伝社）から『奔流《ほんりゅう》』という本を出させていただきました。それは南北朝時代の話で、いちおう「中国名将百撰」に載っております韋叡《いえい》と楊大眼《ようたいがん》の対決を軸にして書かせていただいたわけです。ところが、その『奔流』を書くにあたって、今まで調べていなかった資料などを調べていきますと、そこに新しい、非常に重要な人物が出てまいりました。それがいちおう『奔流』という作品の主人公になっております陳慶之《ちんけいし》という人です。その陳慶之という人については、私はまったく知りませんでした。『中国武将列伝』を最初に本にしていただいたとき、出版社の方に人名索引を作っていただいたんですが、それにもまったく影も形も見えません。すっかり見のがしてしまっておりました。

その陳慶之という人について調べてみますと、中国で出ている歴史書には、やっぱり、南北朝時代を代表する名将として名前があがったりしております。この人が最初に名前が出てくるのが鍾離《しょうり》の戦いなんですが――この戦いについては、すでにお話ししてありますので割愛《かつあい》いたします――鍾離の戦いが終わって、韋叡や楊大眼が世を去った後、南北朝時代を代表する武将として活躍したのが、この陳慶之という人でした。

具体的にどういうことをやったかといいますと、鍾離の戦いのときには、まだ陳慶之は二十四歳です。それが、だいたい四十五歳くらいのときに、彼は歴史上稀《まれ》な軍事的偉業を達成します。これがどういうことかといいますと、その当時、南北朝時代の――南朝は梁《りょう》ですが、北朝は魏《ぎ》です。この魏で、宮廷内ではげしい権力争いが起こりまして、魏の皇族である北海王《ほっかいおう》という人が、梁に亡命して来ます。そこで梁の武帝《ぶてい》は、この北海王を魏の帝位につけてやるという約束をしました。そこで北海王が軍隊をひきいて自分の国に帰って行きます。軍隊をひきいてといいましても、実際に指揮するのは陳慶之ですが、その兵数が、たった七千なんですね。梁の国力からいっても、ひと桁《けた》多い兵を出せたはずなんですけども、まあそこらへん、武帝がどれだけ本気で北海王を魏の帝位につける気があったのかどうか……いちおう、かたちだけ義理を果せばいいと思っていたのかもしれませんね。

とにかく陳慶之は、わずか七千の兵をひきいて、魏へ攻めこみます。いちおう、総司令官は北海王ということになっているわけですが、もちろん形式だけですね。そのときに陳慶之がひきいていったのが、白袍隊《はくほうたい》といいまして、全身白づくめの兵士たちだったわけです。

そこで魏のほうでは大軍を出して、この北海王のひきいる軍を迎え撃ちました。最初に七万の兵を出して迎え撃ったのですけども、これが十分の一にすぎない七千の梁軍にこてんぱんに負けて、散り散りになってしまいます。その次に二万の軍を出して梁軍を迎え撃つんですけども、これも木端微塵《こっぱみじん》に負けてしまう。そこで魏軍は本気になって、さらに十五万の兵を出して戦います。二十日間にわたって戦い続けましたが、結局これもほとんど全滅して、全軍逃げ出すということになってしまいます。

その戦いが終った直後に合計二万四千の援軍が到着して梁軍を挟み撃ちにしようとするのですが、これもやられてしまう。そしてとうとう、陳慶之は魏の京城《みやこ》である洛陽《らくよう》を占拠してしまいます。

わずか七千の兵をひきいて、百四十日くらいかかるんですけども、魏の国土深く侵入して洛陽を陥落させてしまうのです。

これがどれほどの軍事的偉業であったかということになりますと、三国志の諸葛孔明《しょかつこうめい》が、だいたい四回にわたって北征してますね。それで洛陽どころか長安に攻めこむこともできなかった。それに比べると、わずか七千の兵で洛陽を攻め陥《お》としてしまったのが、いかにすごいことだったかということがわかっていただけるかと思います。

そこで一時的に梁軍は洛陽を占領するんですが、肝心の北海王が皇帝としての素質がまったくない人でした。洛陽の守りを固めて梁からの援軍を待ちながら自分も軍隊を集める、ていどのことはしなくちゃならなかったんですが、宮廷に入って酒と女に狂っちゃいまして、全然やる気がない。それで陳慶之は洛陽でやることもなくていたんです。そうすると陳慶之の部下たちが集まって来まして、「このさい北海王を追いはらって、あなたが洛陽を支配して北朝の主《あるじ》になりなさい」と勧めるんですが、陳慶之は笑ってかぶりを振る、というような状態でした。自分にはそんな野心はない、ということですね。

その間、魏軍のほうは散り散りになっていたのですが、また大軍を結集して洛陽に攻めこんで来ようとします。そうすると北海王はかたちだけ自分も兵を集めて戦うわけですが、これは問題にならない。一戦で負けて捕らえられてしまいます。

それを知った陳慶之のほうは、とにかく洛陽に入って北海王を帝位につけてやったんだから、もう義理は果したと。もう梁に帰ろうということで、兵をひきいて洛陽から脱出するわけです。

七千の兵をひきいて魏から梁へ帰って行く。そうすると当然、魏は大軍を出して追撃するんですが、そのたびに陳慶之によって撃退されます。十一回にわたって追いはらわれたそうですね。ついに陳慶之は無事に梁に帰って来るんですが、さすがにそのときは七千の兵が半分に減っていたといいます。逆にいうと、百四十日間魏軍の領内を攻め進んで、その後六十五日間洛陽を占領して、また四、五十日かかって梁に帰っている。その間、洛陽に攻めこむまでに四十七回、洛陽を脱出した後に十一回、魏の大軍と戦ってことごとく勝って、そしてその間に、逆にいうと三千そこそこしか失っていないのです。とてつもない、魔術としか思えないような戦いぶりだったんですね。

陳慶之は梁に帰った後、十年くらいは梁軍をささえて、その間はといいますと、梁の国土に一歩も敵を入れない、とそういう状態でした。

陳慶之が洛陽から引きあげるとき、洛陽に残っていた魏の役人たちというのが、ぞろぞろ陳慶之の後について梁に行っています。乱世にあって、才能といい人格といい、この人なら頼りになる、ということだったわけでしょうね。それで陳慶之は梁へ帰ってから、そういう洛陽から梁について来てしまった人をどうするかということになりました。陳慶之は途中から帰るようにといったんですけど、どうしてもといってついて来るので、しかたなくつれて帰ったわけですが——まあ亡命ですよね、結局。そういう人たちを陳慶之はずいぶん後々まで世話しています。

それで陳慶之が亡くなってから、また十年くらいして有名な侯景《こうけい》の乱というのが起って梁は亡びてしまいます。その侯景の乱が起ったときに陳慶之が生きていたらどうなったかな、という興味もありますね。結局梁の武帝という人は、陳慶之が生きていた間は、結果一度も負けずにすんだわけですが、その後はすっかり歳をとって、仏教に溺れて、国を亡ぼしてしまうと、そういう感じですね。

陳慶之という人は、それほどすごい人なんですけれども、日本ではやっぱり知られていない。残念なことにやっぱり三国志のような宣伝文書がないからなので。

それで僕が素材に使わせていただいて、初めてフィクションに登場するということになりました。どのていど宣伝文書として役に立ったか、あまり自信はありませんが。

とにかくこれだけの人が、実は『中国武将列伝』のハードカバーを出していただいたときも、こっそり隠れていた——隠れていたんじゃなくて、こっちが探し当てられなかっただけなんですが——実際にそういう例がありますので、今後もいったいどういう人が出て来るのか、愉《たの》しみであると同時にこわいところでもあります。

『中国武将列伝』の前に名将百撰をやった時点では、韋叡と楊大眼を探し当てただけで、このさい誉《ほ》めてくれないかなぁと思っているんですが。実はその裏にもう一枚、すごいのがいた、ということです。

それで今、あらためて名将百撰というのをやりますと、当然ながら陳慶之は入ってきますね。順番としては韋叡と楊大眼の後で、四五番あたりに来ると思います。

それから先はひとりずつずれるということになりますが、そうするとこれで、人数百人びしっとなってしまう。ではそれで、新しく加わった人がひとり出てきましたが、では誰を削るかということになると、削る候補が実は二名ほどいます（笑）。

三五番の陸遜《りくそん》と九七番の李秀《りしゅうせい》成を削って、ということになるでしょうか。ただそうしますと九十八人になってしまいますので、ではたりなくなった分は、今度は誰を加えるのかということになるんですが、これはまだちょっと、明確に候補がおりません。ひとつには陳慶之なんて存在を知ってしまうと、ちょっとうかつなことはできない、と思うところがありまして……。

陳慶之は今後絶対、はずれないでしょう。そうするともうひとり、陳慶之クラスの存在を探さなくてはなりません。いるに違いないけれども、探し出すのが大変だぞという状態で現在あるわけです。ただ、候補がいないわけではありません。これは僕自身が不勉強で知らないところを、早稲田大学文学部の岡崎由美先生に教えていただいたんです。これは同じ出版社だからいいんですけども、中公さんで『五代群雄伝』というのを細々とやっております。五代の歴史を概観して長篇にするのは、とてもじゃないけどできないので、主要人物をピックアップして、独立した短篇を並べて、その時代全体を描けたらいいな、と思ってやっているわけです。その作品の話をちょっと岡崎先生にしましたら、「それじゃ、李存孝《りそんこう》なんかも出るんですね」といわれました。それで私は、「李存孝って誰だ」と首をひねったわけですね。

岡崎先生のお話をうかがうと、それはもう五代を代表する悲劇のヒーローなんだそうです。私は『中国武将列伝』をハードカバーで出していただいたときに、「五代の時代は、ちょっと才能のある武将はすぐ自分が帝位についてしまうから、案外数がいません」なんて書いたんですが、これが不勉強の至りで、やっぱり候補になる人は続々といるわけです。日本でいうと戦国時代ですから、それは当然のことなんですね。だいたい中国で〝乱世〟というと、五代十国のことをさすことが多いようです。『水《すい》滸伝《こでん》』なんかの冒頭にも、芬々《ふんぷん》たる乱離の世、といういいかたで出て来ます。乱世といって三国時代を思い出すのは、やっぱり日本人ですね。

さてそこで、**李存孝**という人ですけども、この人は本名を安敬思《あんけいし》といいました。この人は名将百撰の中の六二番李克用《りこくよう》という人の養子になってます。養子になって苗字を変えたし、名前も変えるんです。というのが、李克用の息子たちは、実子も養子も全部、〝存〟という字がつくんです。ですから、五代史なんかを読んでみると、李存《りそん》信《しん》がいて李存孝がいて李存進《しん》がいて李存璋《しょう》がいて李存賢《けん》がいて……この他にもうじゃうじゃいるという感じになりますが。

ここでひとつ補足しておきますと、中国では親子の名前に共通の文字が使われることは絶対にありません。法則として。ただし兄弟だったらあるわけです。このいい例ですね。こうなると、親父のほうがちゃんと全員の名前をわかってたかどうか、かなりあやしいところですが。

それと時代の風潮というものがありまして、唐《とう》の終りから五代、宋《そう》のはじめにかけては、やたらと養子の制度が発達してました。ちょっと若い、見こみのある奴を見つけると、すぐ養子にするのです。そうやって、いわば大家族制で集団を固めていったということがあるわけです。マイナス面としては、父親が死んだ後、実子養子が何十人もうじゃうじゃいて、おれが後継ぎだということで争いになってしまう。五代の各王朝がわりと短命だったのは、それも明らかな一因です。つまりもともと見こみのある奴を養子にしているんだから、それなりにみんな実力はあるし、それぞれにまた家来がついて派閥を作っているし、当人も自信があるわけです。俺は見こまれて養子になったという気がありますから、後継者あらそいとなると、なかなか退《ひ》こうとしない。それで結局、実子養子入り乱れて、兄弟同士で殺し合うということにもなったわけです。

李存孝という人について申し上げますと、岡崎先生がおっしゃったように、悲劇のヒーローでした。岡崎先生のような専門家の方が、五代のヒーローと聞くと、真っ先に李存孝の名前が出て来るというくらい、有名な人なんですね。これがまた、私は全然知らなかったという、もう無学無知をさらけだすようで大変恥ずかしいんですけども。

まあ武将にもいろんなタイプがあります。さきほどあげました陳慶之という人は、正史にはっきりと、矢を射《い》たらはずれるし、馬に騎《の》ったら転《こ》けると——そんなこと書かなくてもいいじゃないかというくらい、けなしてあります。腕っぷしのほうは全然だめだったんですね。ですから、タイプとしては陳慶之は〝智将〟だということでしょう。特に少数の兵力で多数の敵を破るということについて、ちょっと魔術的な手腕を持っていたような人ですね。洛陽攻略に際して、梁の武帝としては、そこらへんのところをあるいは見抜いていて、こいつにはなまじ大軍を与えるよりは、精鋭を選び抜いて七千を与えるとか、そういうほうがいいと思ったのかもしれません。

さて李存孝ですが、陳慶之を智将とすると、この人は〝勇将〟とか〝驍将《ぎょうしょう》〟とかいったほうがいいと思います。

成人すると騎射《きしゃ》を能《よ》くし、驍勇冠絶《ぎょうゆうかんぜつ》し、常に騎馬隊の先頭となる——というふうに書いてあります。それで、未《いま》だ嘗《かつ》て挫敗《ざはい》せず——一度も負けなかったということですね。

戦闘のときには常に騎馬隊の先頭にたって敵中に躍りこむわけです。そのすばやいことは飛ぶが如《ごと》く、そして鉄製の鉾《ほこ》を振り回すと、まるで舞でも舞っているように優雅であったと。そしてひとりで敵陣を陥《お》として、万人辟易《ばんにんへきえき》す、と。この場合の〝辟易〟というのは、非常にいい意味です。武勇に感嘆するとか、そういったところになります。この〝万人辟易〟なんていう言葉は、たとえば『三国志』ですと、呂布《りょふ》あたりにしか使われない言葉ですね。そして当時の人々は、この李存孝を張遼《ちょうりょう》・甘寧《かんねい》に比した、と書いてあります。『三国志』のファンならご存じですが、魏の張遼と呉の甘寧。これは要するに陣頭にたって戦う勇将型の代表なわけですが、その人に比べられたというほど、陣頭の勇将だったということですね。

その人がなぜ悲劇のヒーローになるかというと、いろんな行き違いがありまして、結局李存孝は謀反を起こしてしまうんです。養父の李克用に対して謀反を起こして、失敗して捕らえられてしまうわけです。それでも李克用は、養子の武勇を愛していましたから、なんとか救《たす》けてやりたかったけれども、これはもうどうしようもなかった。他の養子たちが承知しないわけですね。謀反人を赦《ゆる》したらけじめがつかないといって。まったくその通りですから、李克用は涙をのんで李存孝を処刑しました。ですが、処刑した後も、酒を飲んだときなど涙を流して、彼の名前を呼んで残念がったという話が伝わっております。ですからこの李存孝の働きによって歴史が大きく動いたということではないんですけども――年齢も若くして死んだんです。この養父の李克用という人もたいして長生きしていませんから、その養子であった李存孝という人はたぶん二十代で死んだのでしょう。ですから若くて、それほど強かったとなると、当然美男子だったと思いたくなる庶民の感情というのがあるわけで。いろんな意味から悲劇のヒーローとして、岡崎先生のような専門家が真っ先に名前をあげるくらい――たぶん京劇なんかにもなっているんだろうと思いますね。こういう人が隠れている。

ですから、陸遜の代りに陳慶之を入れるとしたら、李秀成の代りにこの李存孝を入れてもいいんですが、ただ李存孝は張遼や甘寧に比べられていたわけです。張遼も甘寧もはずしてるのに、李存孝を入れちゃっていいものかしらという、ちょっと妙な平衡感覚《バランス》がありまして……それでまあ、最終的なことはまだ決めていないんですね。ただ、くりかえしになりますけれど、陳慶之みたいな大物が隠れていた――向うは隠れていないんですね、こちらが気づかなかっただけで。そういうことが今後も出て来るかもしれません。ですから、とりあえずハードカバーを出していただいて、文庫を出し直していただくにあたって、まず陳慶之のほうは書き加えることができたということです。まあ、李存孝のほうはちょっと線上ですね。まだ最終的な決定ができておりません。

陸遜をはずす件について申しますと、僕は陸遜は個人的に嫌いではないのです。ただ赫々《かくかく》たる勝利をあげたのは一度だけのことで、それも対戦相手である劉備《りゅうび》のミスがあったからだという、厳しい見方もありますね。つまり平均点が出しにくい人なんです。陳慶之のように百点、百点、また百点というような人ではないので。劉備との戦いでは百五十点くらいあげたわけですが、それ以外での力量がちょっと確かめにくいというようなところもあります。ですからこれも、あくまでも途中経過報告ということです。またこれが三年後にどう変わるかというようなことになりますと、陳慶之を入れることは、これは動きません。ただ、それに対応してはずすのが誰になるかというところで、まだおおいに選択の余地があるなということです。

いっぽう李存孝に関しましては、もうヒーローとしての要件は充分に満たしています。ただ名将百人の中に入れていいのか。要するに李存孝の養父である李克用というのは、どう転んでも唐の末期から五代の前半にかけてを代表する名将として、これは絶対にはずせません。李存孝を養父に並べていいものかどうかというところで、まだまだ考慮の余地があるなというところですね。

それで補足のひとつとしまして、少し時代が遡《さかのぼ》りますけど——戦国時代ですね——一〇番の李牧《りぼく》という人について申し上げます。この人については、全然日本では知られておらず、小説にとりあげられたこともないと申しましたけど、実は先日、小説ではなく漫画で、堂々と登場しました。『始皇《シーファン》』ですね。講談社の「週刊モーニング」に連載されていた鄭問《ていもん》さんの作品で、堂々と「始皇帝最大の敵」というフレーズで登場しました。ただこれもやっぱり、鄭問さんも日本人ではない、中国民族でいらっしゃるので、やっぱり李牧のことはご存じだったんだろうと思います。まだやっぱり日本人の手ではフィクション化されていない人物だということですね。少なくとも日本人の目に最初にふれたフィクションとしては、この『始皇』という漫画が李牧をとりあげた最初の例ということは、たしかな事実です。

先ほど李存孝について、民衆のヒーローであるという表現を使いましたけど、名将の条件とヒーローの条件というのは、ちょっと微妙に違うような気がするということをハードカバーのときから申し上げております。

それでこれは実は、別の出版社で岡崎先生と対談させていただきまして、その後に考えたことがあります。この名将百撰の中で、一八番の韓信《かんしん》ですね。この人は日本でも有名で、去年あたり立て続けに韓信を主人公にしたような小説が日本でも出ました。この韓信という人は、民衆のヒーローとしては全然問題になりません。それはなぜだろうということをちょっと考えてみたのです。韓信という人は、能力という点からいくと、それこそ名将百撰が名将十選になったとしても、たぶん残るだろうというくらいの才能と実績を持っております。〝韓信の股潜《またくぐ》り〟とか〝背水《はいすい》の陣《じん》〟とか、いろんなエピソードもありますが、それでも民衆のヒーローにはならない。韓信と同時代で民衆のヒーローというと、これは実は項羽《こうう》なんですね。これは京劇の『覇王別姫《はおうべっき》』を持ち出すまでもなく、誰でも知っている大ヒーローということになります。それで『覇王別姫』のような作品からしますと、韓信という人物は、それこそヒーローである項羽をやっつける、敵役《かたき》ということになってしまうわけです。

韓信は最後まで身をまっとうしたかというと、そうではないですね。最終的には粛清されてしまいます。高祖の妻の呂后《りょこう》の手によって、謀反の罪を着せられて処刑されてしまうわけですね。そういう悲劇的な最期をとげながら、やっぱりヒーローになれない。これはなぜだろうというようなことをちょっと考えてみました。その結果——これが唯一の答えとは限りませんが——要するに韓信という人の生涯が悲劇的な最期に終っても、どうしても民衆のシンパシーを呼ばないというようなところがあるんです。それはなぜかというと、韓信の行動原理に関することです。この人の行動原理は何かというと、人生の前半では「俺の才能を認めろ」ということでした。後半では「俺の功績に報いろ」ということだったんですね。要するにそのあたりで、利己的とまでいわないにしても、とにかく「俺が、俺が」になってしまう。

韓信は悲劇的な最期をとげるわけですが、それは例えば岳飛《がくひ》のように無実の罪を着せられながら最後まで忠誠を尽した、というところではないのですね。謀反気は充分にあったんだけれど、機先を制されて何もやれないうちに、こっちのほうがやられてしまった、というようなところがあるのです。ですから何となく「自業自得だな」とか「軍隊を動かすのはうまかったかもしれないけど政治的センスがなかったね」とか、わりと冷たくいわれてしまう。気の毒ではあるのですけども。ちょっとそこで僕が韓信忠を岳飛あたりと対比して考えた結果といいますのは、忠誠心が報われなかった人というのはヒーローになれるけど、才能が認められなかった人というのは、ヒーローになれないんですね、どうも。あえて法則性というのを持って来ますと。

普通一般の人から見ますと、どうしても韓信という人は、才能を鼻にかけているようなところが見えてしまうのです。

韓信は結局のところ項羽と劉邦《りゅうほう》のどちらにつくか、考えたあげく、劉邦についたのですが、結局それは劉邦のほうが自分を高く買ってくれるからということにすぎない。つまり、何もかも捨ててこの人のためについて行こう、というような、いわば――古臭いかもしれないけど〝男気《おとこぎ》〟とかそういうのではないのですね。こっちについたほうが有利だ、くらいのところでしかない。だから、利益不利益を考えて味方についた以上は、結局のところ不利益をこうむったのは韓信に相手を見る目がなかったからだろう、と。劉邦にしたって韓信を信用できないよな、というようなところですんでしまうところがあるんですね。

ですから非常にきびしいんですけども、韓信という人は民衆のヒーローにはなれない。じゃあ誰が韓信を持ち上げるのかというと、俺は才能があるのに世間は認めてくれないんだ、と思いこんでる人だけだろうということになってしまうわけですね。

民衆というのはある意味、無責任な劇の観客なわけでして、やっぱり劇の登場人物には、それなりの美学を要求するわけです。損になるとわかっているけどこの人について行こうなんていう――項羽の部下なんかにもいますけど――例えばそういう人のほうが人気がある。

そのころ鍾離昧《しょうりまい》という人がいました。項羽の部下の勇将としてたいへん有名な人です。最後まで項羽に付き従っていたんですけど、項羽が大敗北したときにはなればなれになりまして、死に遅れてしまったわけですね。それで鍾離昧としては項羽の死後どうするかということになったわけですが、結局韓信を頼って行くわけです。敵味方にわかれてたけど、ごく若いころ親しくしていて、韓信はうだつが上がらないころ、ずいぶん鍾離昧の世話になっていたんですね。

韓信は、鍾離昧とは敵味方にわかれていたけれど、もう項羽は亡びたということで、友人として迎えるわけです。そこまではよかったんですが、鍾離昧という人は項羽に忠誠を誓って、ずいぶん劉邦を追い回していたわけです。鍾離味としては当然の立場なんですけどもね。

ですから、劉邦にしてみると、鍾離昧が目障りでしょうがない。韓信のところに鍾離味がいる、そのうち連合して謀反を起すんじゃないかとか、そう思ってしまうわけです。そこで韓信に対して、「自分を信用してほしいと思っているのなら鍾離味を殺せ」と申し送るわけです。韓信のほうは最初は拒絶してたわけですが、だんだんと不安になってきて、とうとう鍾離味のところに剣を持って行きます。自殺してくれというわけです。それに対して鍾離味は、「今さらお前のことを恩知らずという気はないが、お前が無事でいられるのは、俺がお前のところにいるからだぞ」と韓信にいうのです。「その程度のことがわからんのか。だが俺は別に命が惜しいわけじゃないから、お前がそういうのなら死んでやる」といって自刎《じふん》して死ぬわけです。そこで韓信は、鍾離味の首を劉邦のもとに送るわけですが、それを見たとたん、劉邦は軍隊を派遣して韓信を捕まえてしまいます。もし韓信が最後まで鍾離味をかばっていたら、また違う評価が出たでしょうけども、どうしてもそこらへんのところで徹底しきれないところがあるのです。結局、劉邦に威《おど》されて、かつての恩人であった鍾離味を殺してしまい、「なんと腹の据わらない奴だ」ということになってしまうわけですね。

項羽と劉邦が、何年か前に中国製の映画になって来たときに、一番格好よく描かれていたのは項羽ですが、その次は鍾離味でしたね。やっぱり人気があるんです。

映画の中では劉邦が和約を破って後ろから項羽を攻めたときに、鍾離昧がそこにいて、「劉邦め、恥を知れ！」と叫びながら斬り死にするという、実にいい役でした。韓信という人は、ちょっと近代的な自我意識を持っていて、迷える人間像というのが出ているのかもしれないけども、どうも民衆の求めるヒーロー像ではないということです。

つまり、恩人を死なせたあげくに劉邦の罠にはまったということで、「間抜けな奴だ」という評価になってしまうんですよ。これで恩人をかばい通して、それで攻められて亡びたというんでしたら、立派にヒーローになるんですけどね。

ですから、現実社会にはいくらでも、庶民の間同士でも打算とか保身とかあるのですが、それだけに舞台上のヒーローに対して、観客はやっぱり美学を要求するわけです。その要求に韓信は応えられなかったというところで、ヒーローになれないんですね。

また削る可能性のほうで、ひとつ申し訳ないんですけども、戦国時代の一〇番の趙奢《ちょうしゃ》という人ですね。この人自身は名将だといわれていて、それは確かなんですが、むしろこの人が有名なのは、息子の趙括《ちょうかつ》がいい恥をかいたということで……。

結局趙括は一三番の白起《はくき》に破れて、四十万の兵を皆殺しにされるという目にあったわけですが、その息子が本当は口先ばかりで才能がなかったということを、父親は見抜いていたというエピソードでもって名が残っているという人ですね。ですからわりと象徴的な人です。実際に実績ももちろんあるんですけども……。まあ、はずしてもいいかもしれない、と思っています。

あと入れるほうの候補としては、宋・遼《りょう》・金時代。だいたい六九番の狄青《てきせい》と七〇番の宗沢《そうたく》のあたりに、种師道《ちゅうしどう》という人を入れる可能性もあります。ただ、この時代には岳飛もいますし、あまりかたよってもいけないので、まだ候補に留めておきます。

ただこの种師道という人については、ハードカバーを出した際に全然名前を出しませんでした。名前を出さないままにしておくのももったいないなと思うので、この機会に名前を出させていただきます。この人は宋でも北宋末期の人でして、『水滸伝』にも名前が出て来ます。魯智深《ろちしん》だったかな、それとも一番最初の方に出て来る王進《おうしん》だったか、とにかく『水滸伝』のヒーローが、「あの人を頼って行こう」といったような会話をしています。

北宋末期に、北方防衛の中心になって有名だった人です。戦いにも優れていましたが、非常に外交的にも慎重で、無益な戦いは極力避けようとしました。それで、そのためにその当時の権力者たちに憎まれて、ずいぶん不遇な目にあったんですが、戦えば勝ったし、この人がいたおかげで宋の北の国境の守りは確かだったといわれている人です。

宋が新興の金と結んで遼を亡ぼそうとしたときに、「そういうやり方は信義に反するものだ」といって止めたんですけどもきかれずに、宋は金と組んで遼を亡ぼして、それで結局、金から亡ぼされることになるわけですね。その金が宋を亡ぼす寸前にこの人は——歳がもう六十七くらいでしたから——亡くなりますけども、その种師道から、七〇番の宗沢、七一番の岳飛というあたりが、北宋が亡びるときの、いわゆる抗金の名将たちの系列といわれることになります。

明《みん》の時代というのも見直す必要があるかと思います。なんでかというと、むしろこのごろ日本より外国のほうで、明という時代の見直しがされているようなことがあります。まあ二十世紀末をひかえまして、過去の千年間のベストとかいうような企画が欧米では盛んに行なわれておりますけども、私は講談社さんで幸田露伴の『運命』を年少の読者向けにリライトする仕事をさせていただきました。そのあとがきに書きましたが、この千年間に世界史で活躍した人物のベスト百というのをアメリカの知識人が選びました。その中の十四位に鄭和《ていわ》が入っています。これは日本人が選んだら、十四位に鄭和なんてことは絶対にあり得ないですね。鄭和という名前すら、たいして知られてはいない。

それからまた同じような企画ですが、過去千年間に住むとしたらどの時代がいいかというようなアンケートもアメリカでやりましたら——これは専門家の答えですけれども——明の後期という答えがありました。つまり、もろに『金瓶梅《きんぺいばい》』の時代ですが、中国の古典的な文明の円熟期で、洗練された都市生活がおこなわれ、物質的にも豊かで、思想的にもなかなか自由活発な時代であったということで、明の後期の時代がいいと答えた専門家がいたということです。

明の時代に対する評価というのは、このハードカバーが出たときは僕なんかもたいして高くありませんでした。これは司馬遼太郎さんがおっしゃったことですけど、中国は漢の時代が一番、思想的にもいろいろ出て来ておもしろくて、それ以後はさっぱりだめだ、停滞しているというような意見があります。それはひとつの見識ではありますけど、中国の歴史を評価するスタンダードみたいなのになってしまうと、それはまたそれでおかしいのですね。これもまた岡崎先生の受け売りになりますけど、明末というのは実におもしろい時代で、相当近代的な意識を持った文化人が続々と出て来ています。だからそのままいくとさらにおもしろいことになって、中国の思想的・文化的な近代化ができたかもしれないけども、そこに清《しん》が攻め込んで来て——清というのはもう、露骨に古典的な中国文明への憧れがありますから、そこでちょっと復古的になってしまい、ひとつ歯車が狂ったということがあります。

まあ明に比べると清は名君が輩出して、それでよかったのだという人もいますけども、別の見方をすると、中国社会に生まれかけた近代的な萌芽《ほうが》を復古主義者が押しつぶしてしまったと。しかもその復古主義者というのは実子ではなくて養子であったというような見方もできるかと思います。

鄭和の大遠征については、これがどれだけすごい出来事だったかということは、やっぱり記憶に留めておく必要があるかと思います。鄭和から九十年後にヴァスコ・

ダ・ガマが大西洋から喜望峰を廻ってアフリカ東海岸のマリンディにたどり着きました。そうするとマリンディの人たちが、「ずっとうちの曾爺《ひいじい》さんの時代に東の海から、海じゅう埋めつくすような大船団がやって来たもんだ、それに比べればあんたは気の毒だ」といってくれたそうなんですが。ヴァスコ・ダ・ガマはマリンディにアラブ人の海上商人がやって来ているので、インドまでつれて行ってくれと頼んで、そこからインドまでつれて行ってもらったんです。自力で行ったのはマリンディまでなんですよ。だからヴァスコ・ダ・ガマがインド航路を発見したというのは、かなりの過大評価です。それは日本の、特に中学生や高校生に聞いてみればわかりますが、マゼランもコロンブスもヴァスコ・ダ・ガマも知っているでしょうけども、鄭和なんか知らないというでしょう。それが日本の歴史教育がいかに歪《ゆが》んでいるかという証明みたいなものですけどもね。

いろいろ申し上げましたが、最後のひとりについては、なるべく明・清のあたりから誰か入れたいな、と思っております。

逆にいうと、ちょっとどうかな、というのが、ふたりくらいですんだというのが奇蹟的なことです。あとはちょっと誰をはずすわけにもいかないな、という感じですね。

まことに雑然としていて申しわけないのですが、以上が、とりあえず文庫版にあたっての補足ということになります。これが文庫版あとがきをも兼ねる、ということで、ここまでおつきあいくださった方々、この本をつくるのにご協力いただいた方々に、あつく御礼を申しあげる次第です。

（一九九九年初冬　ハンブルクにて）

史記　中華書局
漢書　中華書局
後漢書　中華書局
三国志　中華書局
晋書　中華書局
宋書　中華書局
南斉書　中華書局
魏書　中華書局
梁書　中華書局
陳書　中華書局
北斉書　中華書局
周書　中華書局
南史　中華書局
北史　中華書局
隋書　中華書局
旧唐書　中華書局
新唐書　中華書局
旧五代史　中華書局
新五代史　中華書局
宋史　中華書局
遼史　中華書局
金史　中華書局
元史　中華書局
新元史　中華書局
明史　中華書局
清史稿　中華書局
資治通鑑　中華書局
中国歴代名人軼事　大夏出版社
白水英豪　上海古籍出版社
金陵長恨　上海古籍出版社
漢月胡風　上海古籍出版社
舞台上的歴史人物　台湾商務印書館
燕雲遺恨楊家将　雲龍出版社
沈括研究　浙江人民出版社
中国謀略家全書　国際文化出版公司
宋元戦史　食貨出版社

楊家将演義　上海古籍出版社
説岳全伝　上海古籍出版社
南宋時代抗金的義軍　連経出版社
中国古船　海洋出版社
十大戦役　上海古籍出版社
羅通掃北　山西人民出版社
薛仁貴征東　山西人民出版社
薛丁山征西　山西人民出版社
薛剛反唐　山西人民出版社
残唐五代演義　山西人民出版社
隋唐帝王外史　智楊出版社
京劇劇目辞典　中国演劇出版社
明清小説鑑賞辞典　浙江古籍出版社
中国歴史人物生卒年表　黒竜江人民出版社
中国歴代宰相志　吉林文史出版社
中国著名女将小伝　漢欣文化事業有限公司
宦官伝　河南人民出版社
中国婦女名人辞典　北方婦女児童出版社
宋史紀事本末　上海古籍出版社
明史紀事本末　上海古籍出版社
歴代名人年譜　上海書店
光武帝劉秀伝　黒竜江人民出版社
忠孝勇烈木蘭伝　北京師範大学出版社
于少保萃忠伝　北京師範大学出版社
三国演義辞典　巴蜀書社
呉三桂伝　国際文化事業有限公司
石達開伝　国際文化事業有限公司
穆桂英伝　国際文化事業有限公司
八大昏君　山東文芸出版社
司馬盛衰　上海古籍出版社
絵画本二十五史　福建少年児童出版社
中国歴史地図集　地睢出版社
中国古代史参考圖録　上海教育出版社
中国歴代人物画選　江蘇美術出版社
一百仕女圖　天地圖書出版社
アジア歴史事典　平凡社
東洋歴史大辞典　平凡社
十八史略　徳間書店

国訳二十二史劄記　国民文庫刊行会
百戦奇略　徳間書店
大世界史　文藝春秋
世界の歴史　河出書房
征服王朝の時代　講談社現代新書
三国志演義　岩波書店
隋唐演義　徳間書店
中国学芸大事典　大修館書店
中国が海を支配したとき　新書館
乱世の皇帝　桃源社
西晋の武帝司馬炎　白帝社
通俗二十一史　早稲田大学出版部
漠北と南溟　毎日新聞社
治世の人乱世の人　学陽書房
歴代王朝秘史　新人物往来社
劉裕　人物往来社
唐の太宗　人物往来社
安禄山　人物往来社
王陽明　人物往来社
奴児哈赤　人物往来社
朱元璋　人物往来社
康熙帝　人物往来社
文天祥　人物往来社
洪秀全　集英社
中国の歴史　岩波書店
「三国志」の世界　清水書院
天怪地奇の中国　新潮社
中国四千年の女たち　時事通信社
人物　中国の歴史　集英社
陳舜臣・中国の歴史　平凡社
陳舜臣・小説十八史略　毎日新聞社
陳舜臣・録外録　朝日新聞社
陳舜臣・長安の夢　平凡社
陳舜臣・九点煙記　徳間書店
陳舜臣・中国歴史の旅　東方書店
陳舜臣・太平天国　講談社
陳舜臣・実録阿片戦争　講談社
陳舜臣・中国五千年　講談社

陳舜臣・儒教三千年　朝日新聞社
世界人物逸話大事典　角川書店
東周夜話　虹霓出版社
アジアの帝王　洋々社
中国史研究入門　山川出版社
中国の歴史書　刀水書房
東アジアの世界帝国　講談社
隋の煬帝と唐の太宗　清水書院
安禄山と楊貴妃　清水書院
宋の太祖と太宗　清水書院
鄭和　清水書院
中国の海賊　新潮社
揚子江　中央公論社
元朝秘史　中央公論社
元の大都　中央公論社
則天武后　中央公論社
大都長安　教育社
契丹国　東方書店
科学史から見た中国文明　日本放送出版協会
陶淵明　日本放送出版協会
元寇　中央公論社
岳飛と秦檜　富山房
クビライの挑戦　朝日新聞社
シルクロード往来人物辞典　同朋舎
文天祥の生涯　尚文社ジャパン
海のシルクロード史　岩波書店
司馬遼太郎が語る日本　朝日新聞社
世界繁盛の三都　日本放送出版協会

時代区分	春秋時代	戦国時代	漢楚争覇時代	前漢時代
国名	東周（春秋）	東周（戦国）	秦	前漢

出来事

- 前七七一年・西周王朝の滅亡
- 前四七三年・夫差自殺、呉の滅亡
- 前四五三年・知伯敗死す
- 前四〇三年・晋、韓・魏・趙に分裂
- 前二七九年・即墨の包囲戦終わる
- 前二六〇年・長平の戦い
- 前二二一年・秦王政、天下統一し、始皇帝となる
- 前二〇九年・項羽、起兵す
- 前二〇二年・垓下の戦い
  劉邦、即位し漢王朝はじまる
- 前一五四年・呉楚七国の乱
- 前一四〇年・武帝、即位
- 前一一七年・霍去病、死去
- 前八七年・武帝、死去

後漢時代	三国時代	東西両晋時代		南北朝時代	隋時代	唐時代
後漢	魏 蜀 呉	西晋	五胡十六国 東晋	北魏　北斉　北周 宋　斉　梁　陳	隋	唐

八年・王莽、漢を簒奪
二五年・劉秀、漢を再興
九一年・班超、西域都護となる
一八四年・黄巾の乱
二〇八年・赤壁の戦い
二二〇年・後漢の滅亡
二八〇年・晋による天下統一
三一七年・晋の再興（東晋）
三八三年・淝水の戦い
四二〇年・劉裕、東晋を簒奪
四三九年・北魏、華北を統一
五〇六年・鍾離の戦い
五七七年・北周、北斉を滅ぼす
五八一年・楊堅、隋を建国
六〇四年・煬帝、即位
六一八年・李淵、唐を建国
六三〇年・李靖、突厥を滅ぼす
六六八年・李勣、高句麗を滅ぼす
六九〇年・即天武后、即位
七一二年・玄宗、即位

時代区分	国名	出来事
唐時代	唐	七四五・楊玉環、貴妃となる 七五一・タラス河の戦い 七五五・安史の乱おこる 八一六・李愬、呉元済を討伐 八七五・黄巣の乱おこる 九〇七・朱全忠、唐を簒奪
五代十国時代	後梁・後唐・後晋・後漢・後周	九六〇・趙匡胤、宋を建国
宋・遼・金時代	北宋 遼	九七九・宋、天下を統一 一〇五三・狄青、枢密史となる 一一二七・北宋の滅亡（靖康の変）
	南宋 金	一一六一・采石磯の戦い 一二三四・金の滅亡 一二七九・南宋、厓山にて滅ぶ

元時代	明時代	清時代	近代
元	明	清	中華民国

一三七〇・元の順帝、大都より逃亡。明の天下統一
一四〇二・永楽帝即位
一四三三・鄭和、最後の航海より帰る
一四四九・土木の変
一五一九・寧王の乱
一五八二・宰相 張居正死す
一六四四・明の滅亡
一六七三・三藩の乱おこる
一六八九・ロシアとの間にネルチンスク条約を締結
一七三五・乾隆帝即位（在位六〇年）
一七九六・白蓮教徒の乱おこる
一八四〇・アヘン戦争
一八五〇・太平天国の乱おこる
一八九四・日清戦争おこる
一九一一・辛亥革命。清朝滅亡
一九一五・日本、二十一カ条の要求
一九一七・劉永福、死す

解　説――知られざる時代の扉を開く

岡崎由美

中国語に「開門見山」という言葉があります。門を開けるとすぐ山が見える――つまり、まだるこしいことは抜きにして、単刀直入に本題へ入ることですが、その伝《でん》で、本書を読むポイントを幾《いく》つか申し上げましょう。

その一、本書を読まれる方は、必ず上下巻を揃えて読みましょう。本書の真髄《しんずい》は下巻にあります。もちろん、田中さんが上巻は手を抜いているということではありません。上巻に倍して、下巻に気合が入っているのです。

本書は、中国歴代の名将百人を選んで、一人ずつ説《と》き語りに解説を加えていく構成になっています。百人――というと、選ぶだけでも息切れしそうな数ですが、本書は後半から、ますます弁舌《べんぜつ》に熱がこもってきます。それはなぜでしょう。

下巻は唐代の最盛期から、五代、宋、元、明、清を取り扱います。春秋戦国や漢、三国に比べると、日本人には馴染《なじ》みの薄い時代です。唐代を過ぎたあたりから、日本人の中国史に対するテンションは概《がい》して急落するようですが、田中さんは、他にもドラマチックな時代、面白いキャラクターはたくさんいるんだ、という姿勢で本書を語っているからです。

「日本人には知られざる名将を語る」といっても、マイナーな人物の発掘に躍起《やっき》になる余り、重箱の隅《すみ》をつつくような紹介をしているわけではありません。例えば、唐建国の名臣秦瓊《しんけい》（字《あざな》は叔宝《しゅくほう》）や抗金の愛国英雄岳飛《がくひ》のように、中国では極めてよく知られたヒーローでありながら、日本ではあまり知名度が高くない人物に、本書はかなりの紙幅を割いています。

秦瓊は、中国の民間では門神にもなりました。今でも旧正月に戸口に貼る縁起物の版画には、秦瓊が邪気《じゃき》を払わんと立ちはだかっています。門神は普通左右一対ですから、秦瓊の相棒がいるわけですが、これが本書でも紹介されている尉遅恭《うっちきょう》（字は敬《けい》徳《とく》）です。片や鐧《かん》と呼ばれる武器を振り上げ、方や七節硬鞭《しちせつこうべん》を持ったポーズは、小説『隋唐演義』や『説唐』、京劇などで知られた二人の一騎打ちに基づいています。

かつて秦瓊の故郷山東《さんとう》を旅行したときには、済南《さいなん》の郊外で、秦瓊が馬をつないだ木というのを見ました。「貫一《かんいち》お宮《みや》の松」みたいなものですが、これも、まだ名もない下っ端役人だった頃の秦瓊が、金に困って愛馬を木につないで売りに出したというエピソードがあります。この馬を買ったのが、単雄信《ぜんゆうしん》という義俠《ぎきょう》の好漢で、ここから英雄は英雄を知る、という好漢同士のつきあいが始まる、『説唐』の名場面の一つです。山東の好漢といえば、『水滸伝』の面々が有名ですが、本書で紹介されている秦瓊や魏徴《ぎちょう》、李勣《りせき》といった隋唐戦記の顔ぶれも、『水滸伝』に負けず劣らず全国区の知名度を獲得している山東の好漢です。

さて、宋という時代は、名将、ヒーローを世に残すためのドラマチックな道具立てが揃った時代でした。実際に名将が少なからずいたのも確かですが、背景には経済大国、文化大国としての発展と、絶えざる北方異民族との戦闘という歴史の光と影がありました。

開国当初からの遼との軋轢《あつれき》、その後に台頭した金には、靖康《せいこう》の難という屈辱的な敗北を喫して国土の北半分を奪われてしまいます。あわや亡国の危機に瀕《ひん》しながら、かろうじて杭州《こうしゅう》に仮の都を移し、南宋の中興が始まった頃、抗金の名将として華々しく登場したのが、岳飛でした。中国歴代の名将の中でも、愛国の英雄、悲劇の英雄としてその知名度はいまだに揺るぎません。国難時期の英雄待望論に、まさにぴたりとはまった同時代のヒーローだったのです。

政治や外交では苦難の道を歩きながら、宋は清新な文化を生み出した時代でもありました。科挙による文人官僚制度の定着は、新しい知識階級の台頭を生み、これまでとは質の違う理知的な文人文化を形成しました。また、都市の庶民文化の隆盛によって、講談や芝居といった芸能の分野が目覚しく発展した時代でもあります。印刷出版業も飛躍的に発達しました。

こうしたメディアの発達が、英雄たちの事跡を語り継ぐ巨大な原動力になったことは、想像に難くないでしょう。歴代の英雄戦記が続々と寄席や劇場で人々の耳目を喜ばせる中でも、とりわけ注目すべきは、宋代の戦記が高座にかかっていたというタイムラグの短さです。聴衆にとっては、おじいさんやお父さんの時代の出来事だったり、実に身近な過去の思いがあったでしょう。

遼と奮戦した楊業《ようぎょう》及びその一族を描いた『楊家将』や名君仁宗時代の名将狄青《てきせい》を描いた『万花楼』、岳飛や韓世忠など抗金の名将を描いた『説岳全伝』などの物語は、いずれも宋代にすでに講談で取り上げられ、やがてそれが小説化されたものです。南宋の芸能を記した書物に、岳飛や韓世忠《かんせいちゅう》の講談は、「新話」つまり新作ネタと称されて記載されています。ご存知『水滸伝』も、はじめは好漢の銘々伝という形で一夜読み切りの講談でした。

そこで、本書を読むポイントその二です。本書には、史書だけでなく、こうした名将、英雄の事跡を描く伝承、小説、演劇の類が積極的に紹介されています。「なんだ、しょせん作り事、実像じゃないんだろう」と言うなかれ。確かに、歴代の史書には、数々の人物が名を連ねています。しかし、そのすべてが等しく今日まで名を残しているわけではありません。いくら個性の強い、印象的な人物でも、それを後世に伝える力が必要です。これは正史の力だけで成り立つものではないでしょう。

もし、まったく異伝のない、たった一つに統合された史実というものが残ったとすれば、それはむしろよほど言論の統制や操作が加えられたと見るべきでしょう。あれほど幾度《いくど》も言論弾圧のあった中国でも、様々な野史《やし》や伝承、歴史物語がしぶとく生き残りました。民衆が野放図なイマジネーションをほとばしらせた小説や芝居は、歴史事実そのものとはかけ離れていても、民衆がその出来事、その人物をどのように受け止めてきたか、を証明するものです。それはまさしく、ある出来事が歴史として時間の中に積み重ねられて行くプロセスにほかなりません。

少し脱線しましたが、たとえば、台湾の英雄鄭成功《ていせいこう》を日本人に印象づけたのは、芝居の『国性爺合戦』でしょう。日本人の母を持つというつながりだけで、日本にあれほど名前が定着したとは思えません。それをいうなら、三蔵法師だって、日本人がよく知っているのは、『大唐西域記』ではなく、『西遊記』のおかげでしょう。

明の大航海家鄭和《ていわ》も、本書で紹介されたように『三宝太監西洋記』という小説になっています。これがまた、ガリバー旅行記にも負けない冒険旅行ファンタジーで、行く先々で妖怪は出てくるわ、妖術を使う地元の武将は出てくるわ、一方鄭和の側もガリバーと違って武装した大船団を率いていますから、派手な戦闘が繰り広げられ、ちゃんと戦記ものにも仕立てられています。

歴史小説とは間違っても言えないしろものですが、鄭和の大航海がいかに中国人のイマジネーションを刺激した大事業であったかは、よくわかります。

さて、本書で意外に紙幅を費やしているのが、明の于謙《うけん》でしょうか。日本での知名度は全くないといっていいかと思いますが、この人は、明時代の章のタイトル「報《むく》われぬ忠誠」を体現した悲劇の英雄です。英雄といっても、いわゆる武将ではなく、文官でした。その事跡は本書に書かれていますが、功に反して非業の死を遂げた人で、これも明の万暦頃になって『于《う》少保《しょうほ》萃忠全伝《すいちゅうぜんでん》』という小説が出来ています。「萃忠」というのは、忠を尽くすという意味です。戦記ものと歴史ものと、さらには名官僚につきものの大岡裁きを描いたお白洲《しらす》ものが入り混じった盛りだくさんの作りで、こうしたジャンルミックスは、古典通俗小説のお約束です。

明代は、永楽帝の時代が終わると、皇帝には恵まれませんでした。それなりに官僚システムがしっかりしていたのか、このシステムをぶち壊すほど破天荒な暴君が出なかったおかげなのか、凡庸な皇帝が続いた割には、王朝は長生きしました。しかし、太祖洪武帝の言論弾圧以来、秘密警察の機構が強力であったこともあり、非業の死を遂げた名臣が多かったことも確かです。この報われぬ忠誠をしめくくったのが、北辺に鉄壁の守りを築いて、満洲軍を退けた名将袁崇煥《えんすうかん》でした。崇禎《すうてい》帝の疑心暗鬼によってこの名将が死を賜《たまわ》ったことで、明は寿命を縮めたといってもいいでしょう。

爛熟《らんじゅく》した文化と、繰り返されるお家騒動、北辺に台頭する満洲族、忠誠報《むく》われず非業《ひごう》の死を遂げる名将――明末清初もまた、実にドラマチックな時代です。そもそも王朝交代の時代、内憂外患の国難期というのは、ドラマに満ちた時代ですが、日本における中国歴史小説は、これまで戦国末期から始皇帝の登場とか、項羽と劉邦とか、三国といった古い時代に固まっていました。最近、新しい扉が開かれつつあるようですが、中国の歴史小説家が宋や明末清初、清末民国初年を実に好んで取り上げていることと比べると対称的です。もちろんこれは、読者の興味の在り処とも大きく関わっているでしょう。

そういうことを考えると、本書は、田中さんが作家として、「ネタになる面白い時代をたくさん見つけたぞ」と嬉々として披露してくれている本にも見えます。企業秘密のエッセンスが詰まった本です。さて、これにどういうレシピが加わると、作品に仕立てあがっていくのか、ファンは楽しみに待つこととしましょう。

（早稲田大学教授）

人名索引

ゴシック体の数字は脚注頁をさす
「→」以下の太字は別項目となる同人物別名

【サ行】

【タ行】

【マ行】

【ヤ行】

【ラ行】

『中国武将列伝　下』一九九六年十二月　中央公論社刊
巻末に「蛇足」を追加したものです

中公文庫

中国武将列伝《ちゅうごくぶしょうれつでん》（下《げ》）

2000年1月25日　初版発行
2012年2月29日　4刷発行

著　者　田《た》中《なか》 芳《よし》樹《き》

発行者　小林 敬和

発行所　中央公論新社
〒104-8320　東京都中央区京橋2-8-7
電話　販売 03-3563-1431　編集 03-3563-3692
URL http://www.chuko.co.jp/

印　刷　大日本印刷（本文）
三晃印刷（カバー）

製　本　大日本印刷

Published by CHUOKORON-SHINSHA, INC.
Printed in Japan　ISBN4-12-203565-1 C1195

定価はカバーに表示してあります。
落丁本・乱丁本はお手数ですが小社販売部宛お送り下さい。
送料小社負担にてお取り替えいたします。

各書目の下段の数字はISBNコードです。978－4－12が省略してあります。

中公文庫既刊より

た-57-1
中国武将列伝（上）　田中芳樹
群雄割拠の春秋戦国から、統一なった秦・漢、世界帝国を築いた唐――国を護り民に慕われた将たちの評伝で綴る、人間味あふれる歴史物語。
203547-8

た-57-8
海《かい》嘯《しょう》　田中芳樹
三百余年の栄華の末、宋帝国は元軍の侵攻に窮し、ついに都・杭州を開城した。廷臣らは幼帝を戴き再興を図るが――亡国の危機に己を貫いた男達の肖像。
204082-3

た-57-9
隋唐演義 一 群雄雌伏ノ巻　田中芳樹編訳
南北朝の動乱を制し天下を統一した隋。だが時代はさらなる激動を呼んだ――。隋の建国から唐の盛衰に至る一世紀半の治乱興亡を描く歴史物語、開幕。
204310-7

た-57-10
隋唐演義 二 隋の煬帝《ようだい》ノ巻　田中芳樹編訳
隋朝の栄華に酔い後宮で美女たちとの享楽に明け暮れる煬帝。だが天下には戦乱の兆しが。剣を研ぎ時を待つ豪傑たちの運命は⁉　絢爛の中国歴史絵巻。
204335-0

た-57-11
隋唐演義 三 太宗李世民ノ巻　田中芳樹編訳
濁乱の世、朝政すでに無し。唐公・李淵、ついに起つ！　群雄割拠する隋末に躍出した若き英雄・李世民の活躍――血沸き肉躍る中国歴史絵巻、第三弾。
204362-6

た-57-12
隋唐演義 四 女帝武則天ノ巻　田中芳樹編訳
玄武門の変を制し即位した太宗・李世民の治世で国威は隆盛。だが寵を得た一人の美少女が唐朝に大いなる波瀾を招く……。女帝・武后のもと、帝国の命運は⁉
204392-3

た-57-13
隋唐演義 五 玄宗と楊貴妃ノ巻　田中芳樹編訳
玄宗と楊貴妃の寵を得ながら辺境に追われた安禄山が遂に叛した。唐朝存亡の危機！　隋朝成立から安史の乱までの治乱興亡を描く中国歴史物語、堂々完結‼
204415-9

た-13-5
十三妹《シイサンメイ》　武田泰淳
強くて美貌でしっかり者。女賊として名を轟かせた十三妹は、良家の奥方に落ち着いたはずだったが……中国古典に取材した痛快新聞小説。〈解説〉田中芳樹
204020-5

ち-3-18
諸葛孔明（上）　陳舜臣
後漢衰微後の群雄争覇の乱世に一人の青年が時を待っていた……。透徹した史眼、雄渾の筆致が捉えた孔明の新しい魅力と「三国志」の壮大な世界。
202035-1

ち-3-19
諸葛孔明（下）　陳舜臣
関羽、張飛が非業の死を遂げ、主君劉備も逝き、蜀の危急存亡のとき、丞相孔明は魏の統一を阻止するため軍を率い、五丈原に陣を布く。〈解説〉稲畑耕一郎
202051-1

ち-3-31
曹操（上）魏の曹一族　陳舜臣
縦横の機略、非情なまでの現実主義、卓抜な人材登用。群雄争覇の乱世に躍り出た英雄の生涯に〈家〉の視点から新しい光を当てた歴史長篇。
203792-2

ち-3-32
曹操（下）魏の曹一族　陳舜臣
打ち続く兵乱、疲弊する民衆。乱世に新しい秩序を打ち立てようとした超世の傑物は「天下なお未だ安定せず」の言葉を遺して逝った。〈解説〉加藤徹
203793-9

ち-3-42
曹操残夢　魏の曹一族　陳舜臣
文帝となった曹丕と詩人として名高い曹植の兄弟、そしてその子孫たちが辿る運命は——。曹家の興起と滅亡を描く壮大な叙事詩の完結篇。〈解説〉加藤徹
205022-8

ち-3-53
論語抄　陳舜臣
ひもとくたびに『論語』は深く新しい。中国歴史小説の第一人者が、幼時より座右の書としてきた『論語』を、さまざまに読み解きながら先人の叡智を探り出す。
205189-8

ち-3-55
聊《りょう》斎《さい》志《し》異《い》考《こう》　中国の妖怪談義　陳舜臣
なまめかしい容姿でこの世の男たちをとりこにしてしまう冥界や異類の女たち。男女の不思議な交情がかもしだす中国的妖美の世界。〈解説〉稲畑耕一郎
205497-4

各書目の下段の数字はISBNコードです。978－4－12が省略してあります。

し-6-27
韃靼《だったん》疾風録（上） 司馬遼太郎
九州平戸島に漂着した韃靼公主を送って、謎多いその故国に赴く平戸武士桂庄助の前途に待ちかまえていたものは。東アジアの海陸に展開される雄大なロマン。
201771-9

し-6-28
韃靼疾風録（下） 司馬遼太郎
文明が衰退した明とそれに挑戦する女真との間に激しい攻防戦が始まった。韃靼公主アビアと平戸武士桂庄助を軸にした壮大な歴史ロマン。大佛次郎賞受賞作。
201772-6

み-22-18
科挙 中国の試験地獄 宮崎市定
二万人を収容する南京の貢院に各地の秀才が集ってくる。老人も少なくない。完備しきった制度の裏の悲しみと喜びを描き凄惨な試験地獄の本質を衝く。
204170-7

み-22-19
隋の煬帝《ようだい》 宮崎市定
父文帝を殺して即位した隋第二代皇帝煬帝。中国史上最も悪名高い皇帝の矛盾にみちた生涯を検証しつつ、混迷の南北朝を統一した意義を詳察した名著。
204185-1

B-6-15
宦《かん》官《がん》 側近政治の構造 三田村泰助
去勢された男子で宮廷に仕えたものを宦官という。活動範囲は地中海からアジアに及ぶが、特に中国で権力を操った、驚くべき実像を鮮やかに描く名著。
204186-8

ま-5-4
孫子 町田三郎訳
古代中国最高の戦略家孫子の思想は、兵書の域を超えた究極の戦略論として現代に読み継がれている。リーダーシップの極意が、この中には満ちている。
203940-7

は-60-1
六《りく》韜《とう》 林富士馬訳
六巻にわたり綴られる兵法の極意、そして周王朝建設における戦略闘争史。藤原鎌足が諳んじ、若き源義経が愛読したと伝えられる兵法書、初の文庫化。
204494-4

お-36-4
呉子 尾崎秀樹訳
古代中国の軍の一大変革期に楚の宰相を務めた呉起。その言を集めた本書は『孫子』にならぶ武将必携の書とされた。兵法書の最高峰「五経七書」のうちの一冊。
204587-3